歐法字彙

文史哲出版社印行

國家圖書館出版品預行編目資料

歐法字彙 / 【文史哲出版社】編輯部編. -- 初版. --
臺北市：文史哲,103.02
頁； 公分
ISBN 978-986-314-172-3（平裝）

1.碑帖

943.7 103004150

歐 法 字 彙

編 者：本 社 編 輯 部
出 版 者：文 史 哲 出 版 社
http：// www.lapen.com.tw
e-mail：lapen@ms74.hinet.net
登記證字號：行政院新聞局版臺業字五三三七號
發 行 人：彭 正 雄
發 行 所：文 史 哲 出 版 社
印 刷 者：文 史 哲 出 版 社
臺北市羅斯福路一段七十二巷四號
郵政劃撥帳號：一六一八〇一七五
電話 886-2-2351-1028・傳真 886-2-2396-5656

實價新臺幣四八〇元

二〇一四年（民一〇三年）三月 A4 初版

ISBN 978-986-314-172-3 94301

歐法字彙卷一

一一一一一一

丁丁丁七七七

七万三三三三

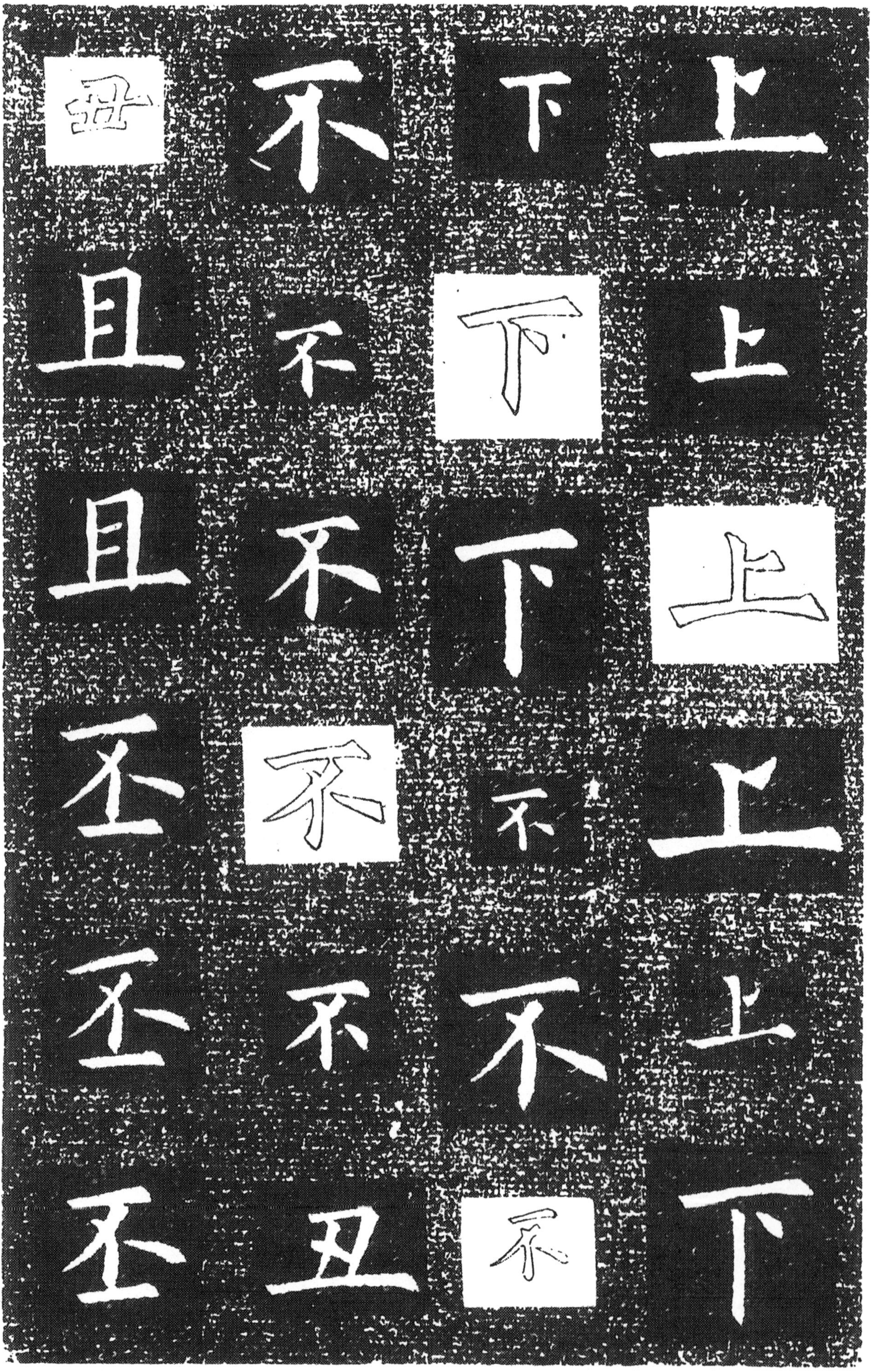
上上上上上下
下下下不不不
不不不不不丑
丑且且丕丕丕

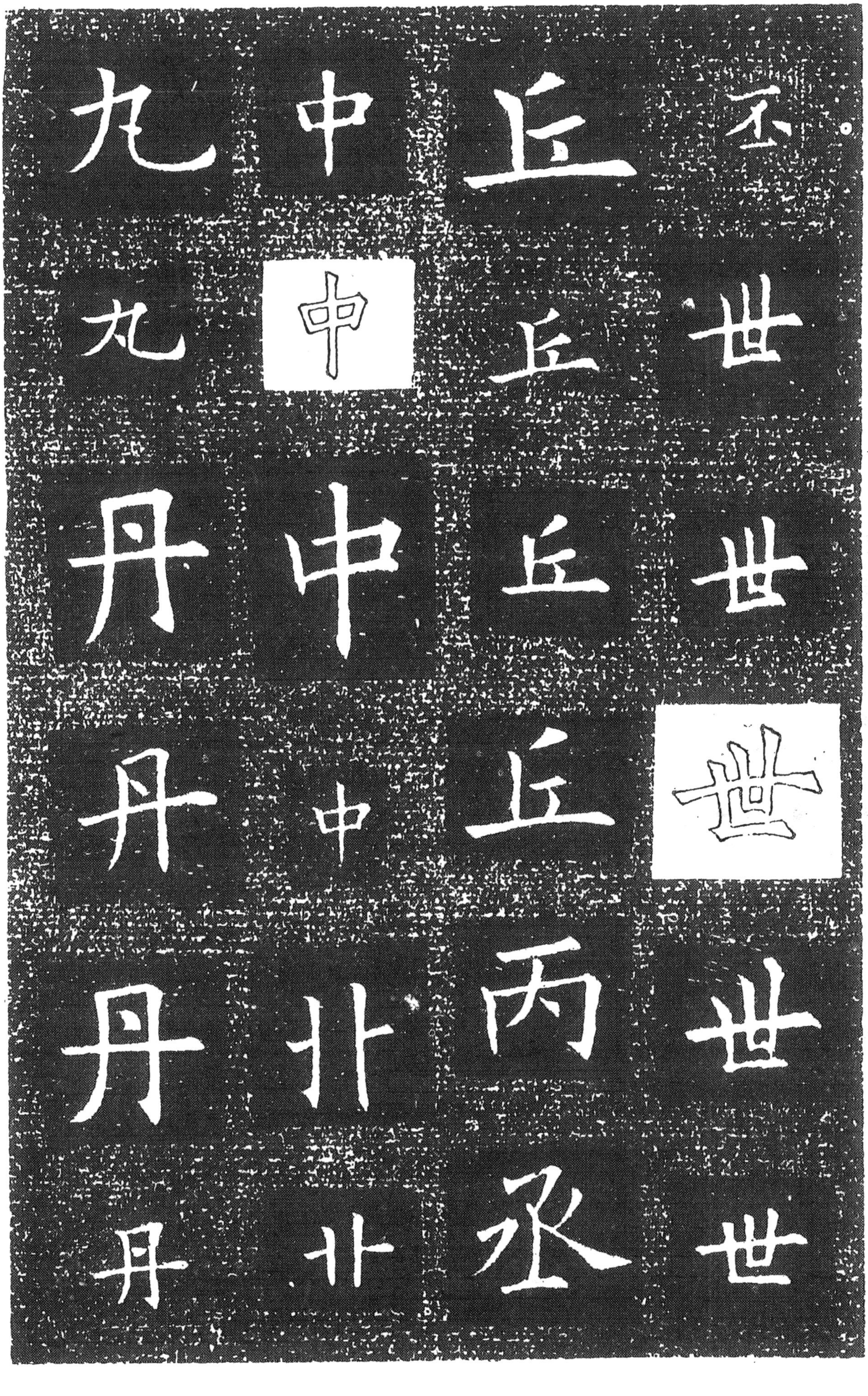
丕
世
世
世
世
世
丘
丘
丘
丘
丙
丞
中
中
中
中
丱
丱
丸
丸
丹
丹
丹
丹

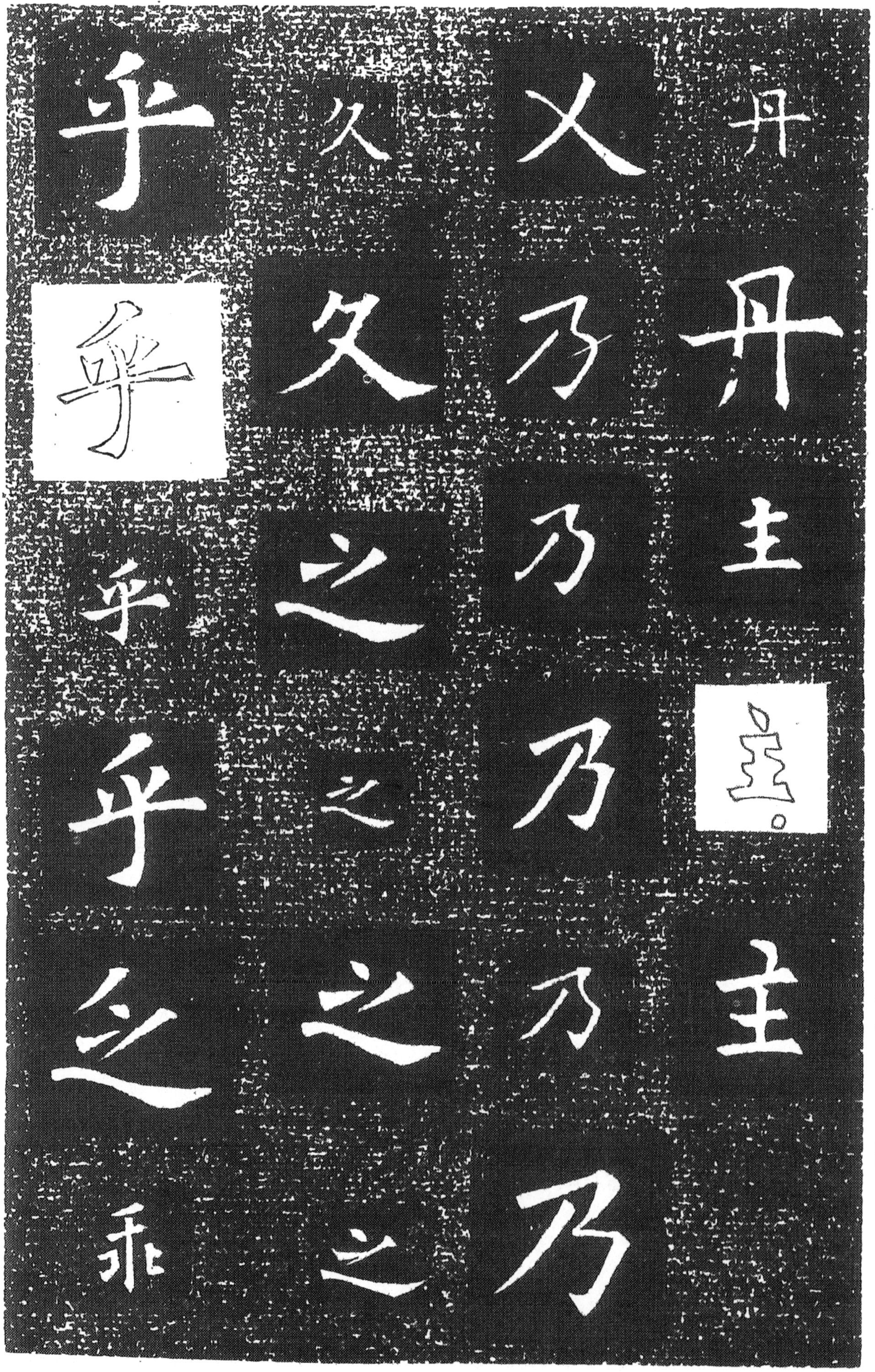
丹
丹
主
主
主
乂
乃
乃
乃
乃
乃
久
久
之
之
之
之
乎
乎
乎
乎
乏
乖

乘

乘
乘
乘
乘

九
九
九
九
九

也
也
也
也
也
也

乾
乾

亂
亂
亂
亂

予 予 事 事 事 事
事 事 事
二 二 二 二 于 于
于
云 云 云 互 互

互 互 五 井 井

亡 亡 交 交 交 交

亥 亥 亨 亦 亦 亦

亦 京 京 京 京 亭

亭
亮
亮
亮
人
人
人
人
仁
仁
仁
仁
今
今
今
今
介
介
介
仍
仍
仍

仍 仕 仕 他 仗 仙

仞 仞 仞 代 代 代

令 令 令 令 以 以

以 以 以 仰 仰 仰

仲
仲
任
任
任
任
企
伊
伊
伏
伏
伏
伐
伐
伐
伐
休
休
伯
伯
伯
似
伽
佀

但佇位位位佐

佐佐何何何佛

佛佛作作作佩

佳佳使使使使

来
来
来
来
侈
侈
侍
侍
侍
侍
佯
佯
供
依
依
侯
侯
侵
便
便
便
係
俄
俄

俄俊俊俎俗俗

俗俗俘俘俛俛

保保俠俠信信

信信修修俯俯

俯
[illegible]
俱
俱
俶
俳

倍
候
倚
倡
倦
倦

倫
倫
倫
偃
偃
假

偈
偉
偉
偕
停
側

側側傅傅傑傑
偹偹備催傳傳
傷傾僊像像僕
僕僚僧僧僊價

先　北　元　兊

光　北　兀　兒

光　北　兄　兀

光　兊　充　元

光　先　兂　兀

尢　先　兊　元

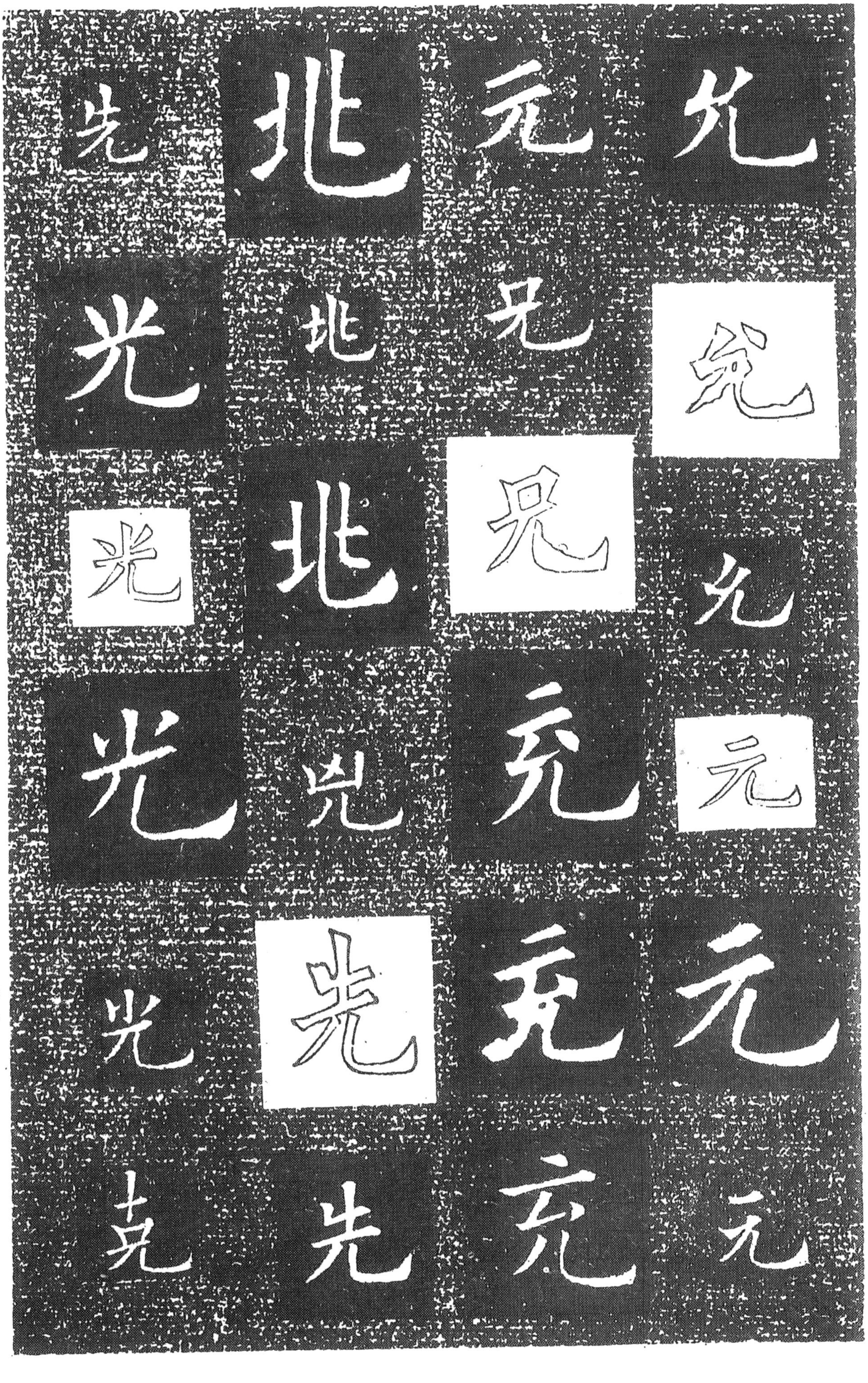

克 克 免 兒 免
入 入 入 入 內 內
內 內 內 全 全 全
兩 兩 兩

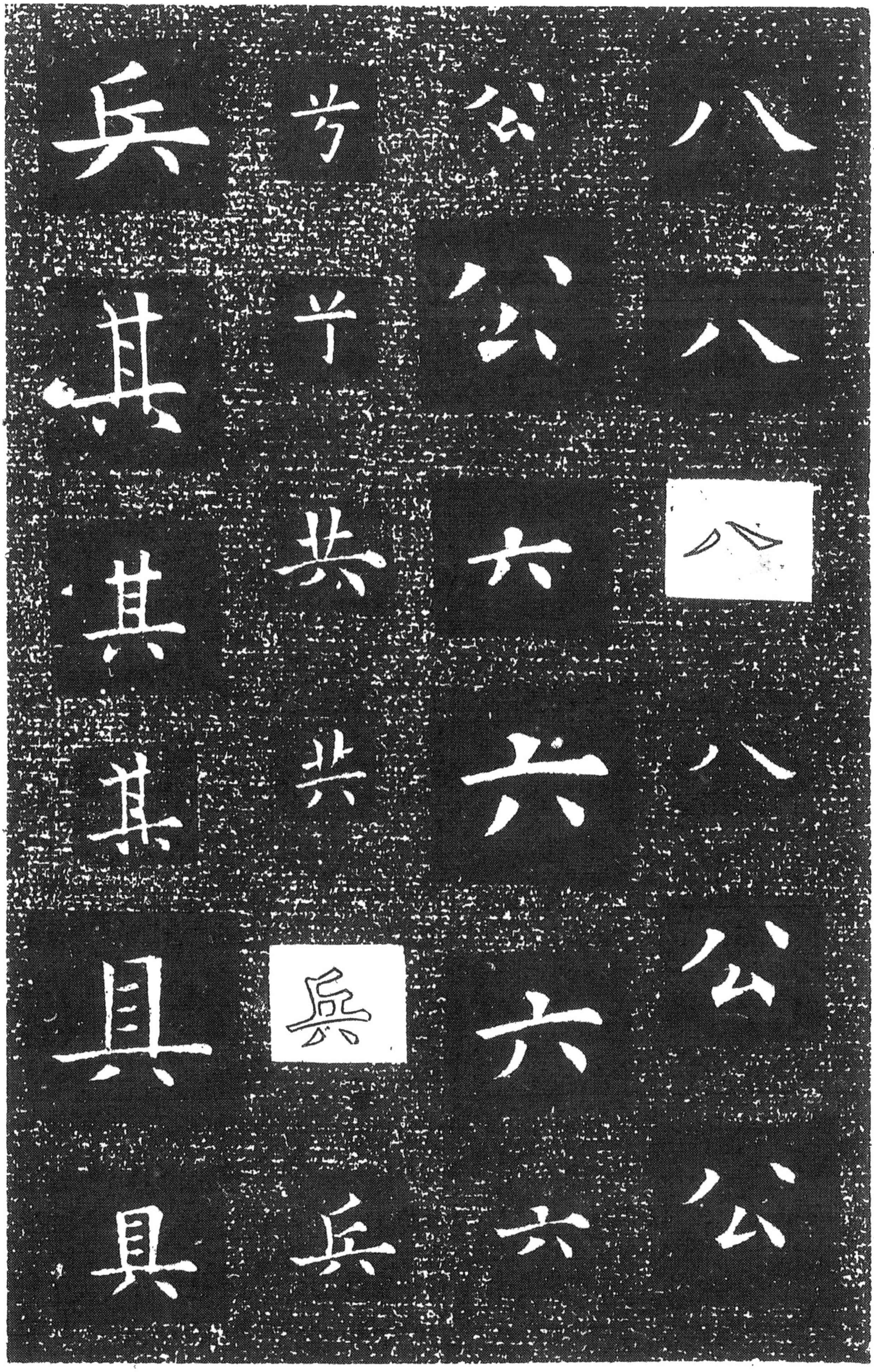
八
八
八
八
公
公
公
公
六
六
六
六
兮
兮
共
共
兵
兵
兵
其
其
其
具
具

冥　冊　燕　典

冥　冊　魚　典

冥　冊　異　典

冥　冊　異　典

冥　冊　異　燕

冠　再　再　燕

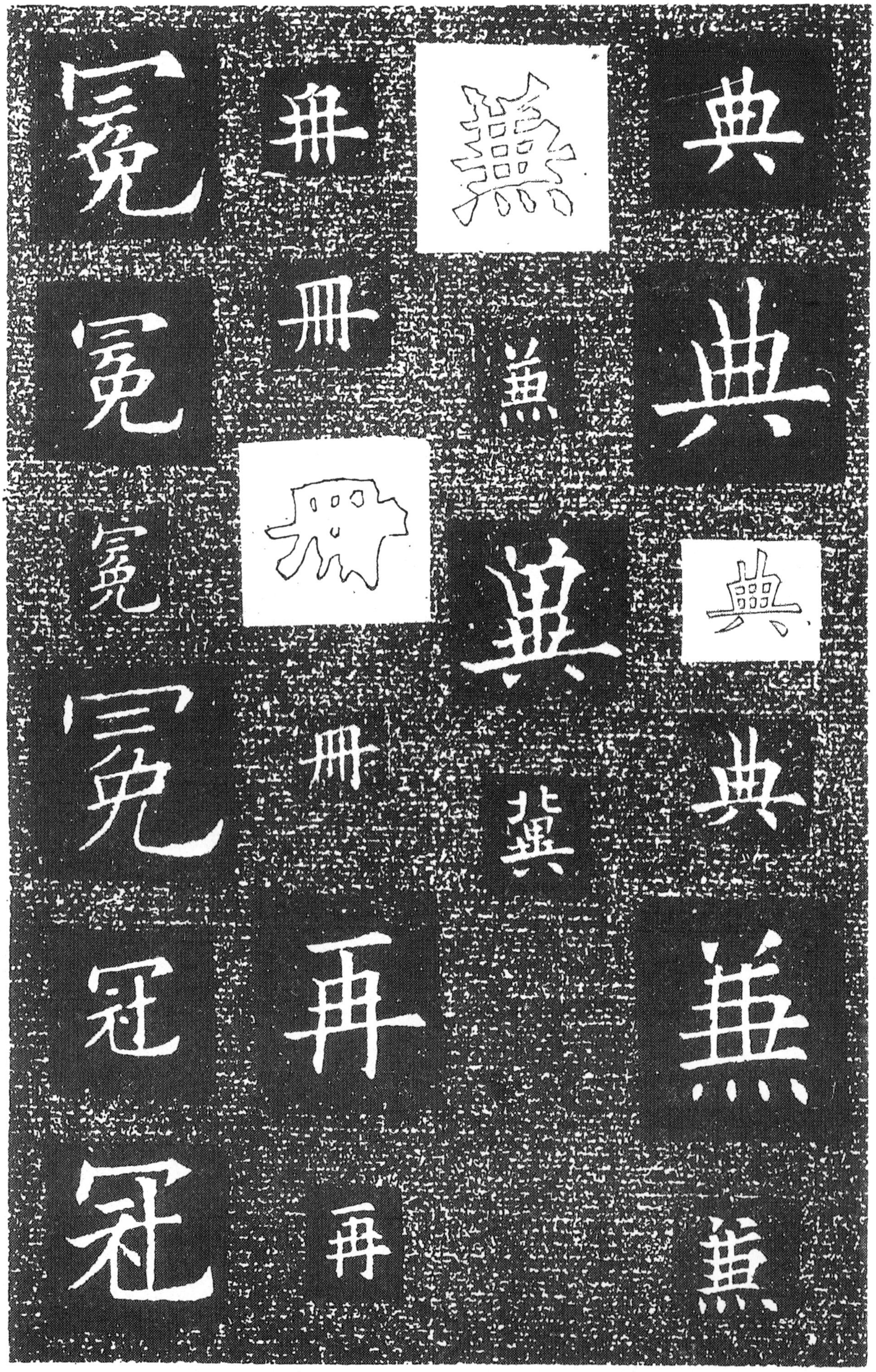

冠 冠 冠 寃 冥 冥
冝 冥 冥
冬 冬 氷 氷 冰 冶
清 清 凋 凋 凌

凡
凡
凡
凡
凱
凱
凶
出
出
出
出
出
刀
刃
分
分
分
切
切
切
切
刑
刑
刑

刑
列
列
列
列
初
初
初
初
判
判
別
別
切
利
利
到
制
制
制
制
刺
刺

剌 剌 刺 刺 則 則
則 削 前 前 創 創
創 剸 劃 劒 劍 劒
力 力 力 力 功 功

功功功加加加
加助劬劾効効
勃勃勃勃勇勇
勉勒勒動動務

務
務
務
勝
勝
勝
勝
勞
勞
勞
勞
勢
勢
勢
勤
勤
勤
勤
勤
勳
勛
勳
勸
勸

勹部　匕部　匚部

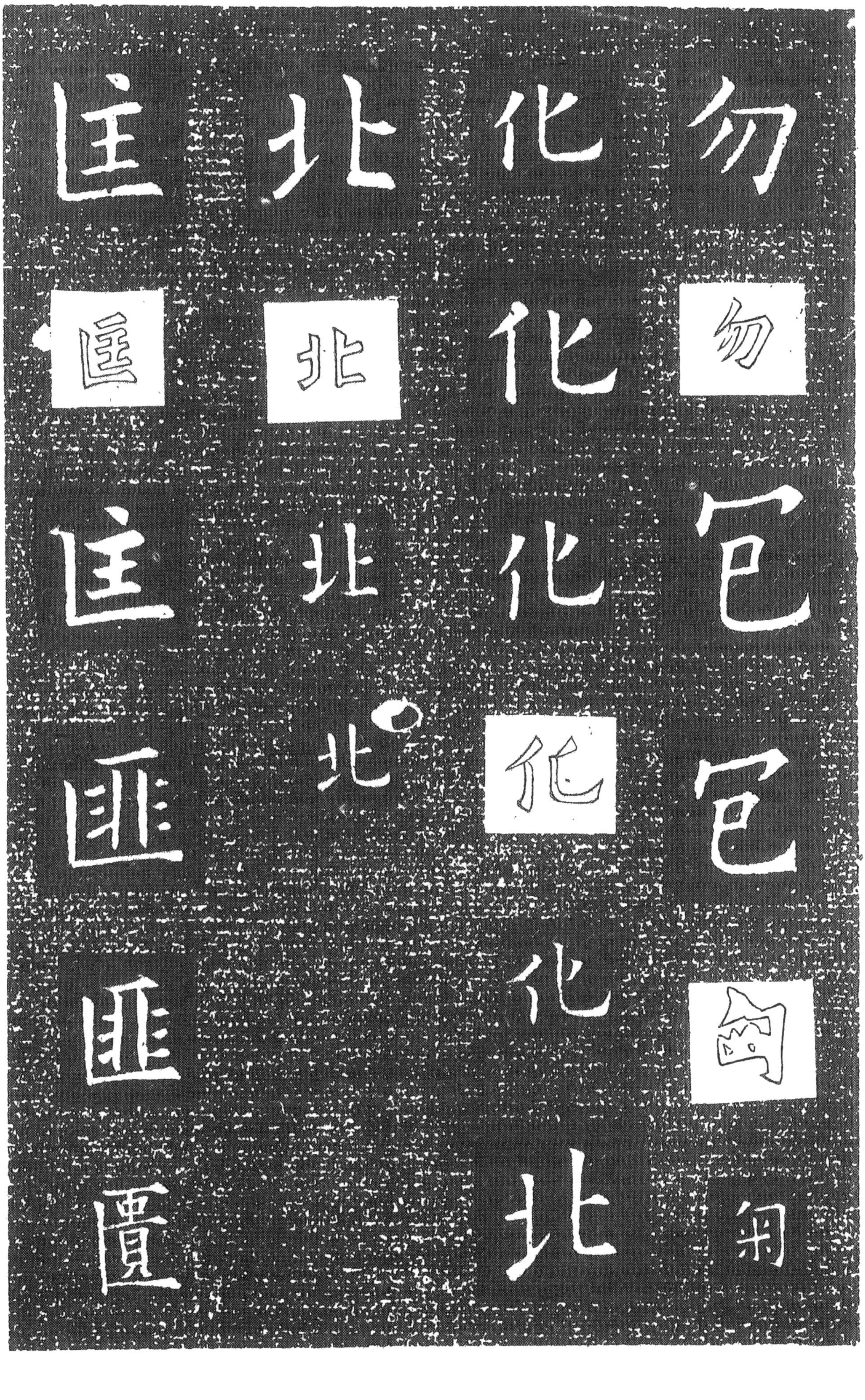

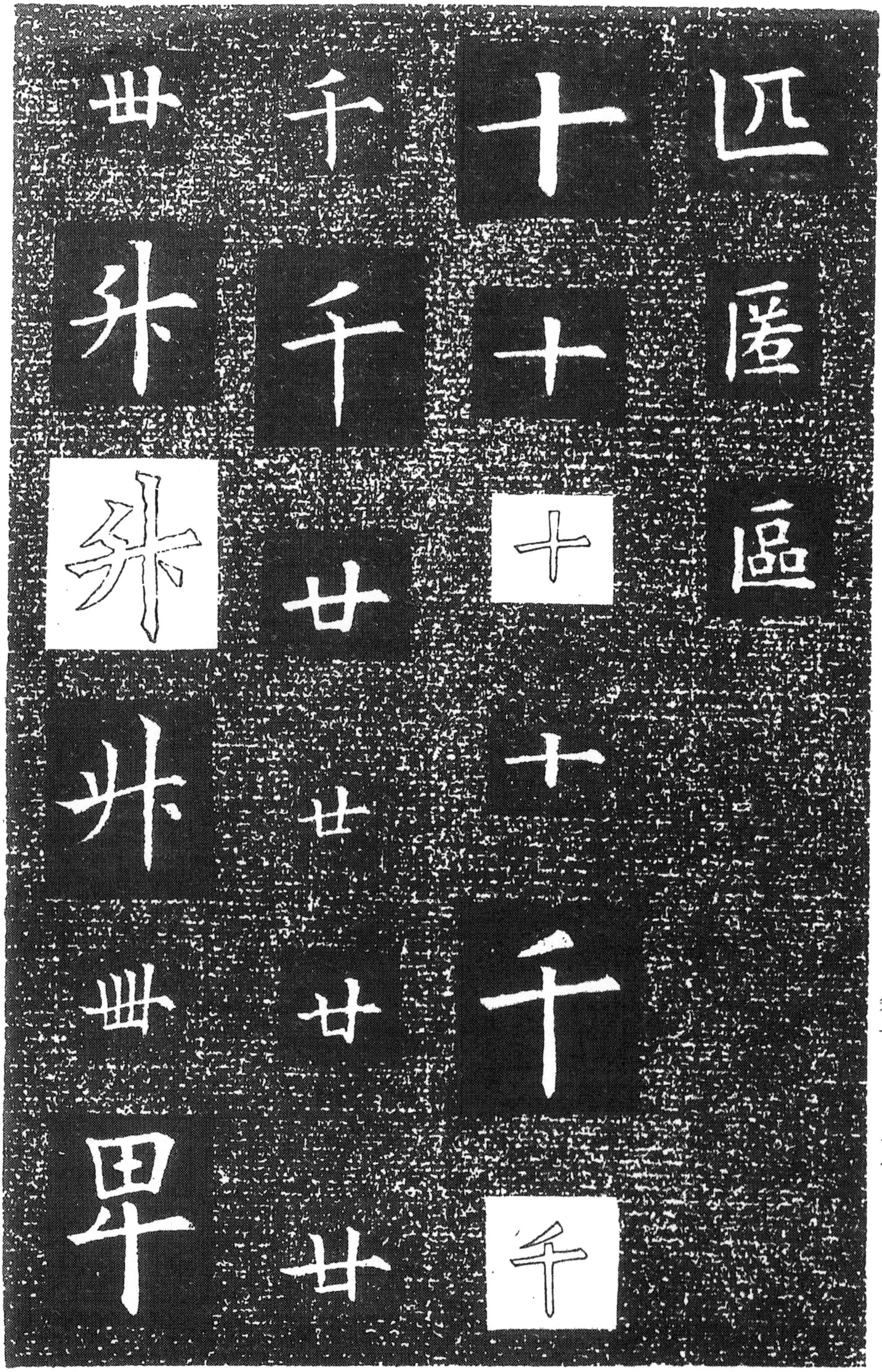
匹
匿
區
十
十
十
十
千
千
千
千
廿
廿
廿
廿
丗
升
升
卅
丗
畢

甲
卑
甲
卒
卒
卓
協
協
南
南
南
南
南
博
博
博
博
卜
卞

卬
卬
卬
危
危
即
即
即
御
御
御
御
厚
厚
厚
原
原
原
厥
厥
厥
厥

去去去去叅叅
又又又又又及
及及及友友反
反反叔

取 取 取 取 取
受 受 受 受
口 口 古 古 古
名 名 可 可 可 可

史
史
史
史
右
右
右
叶
叶
叶
司
司
司
司
吁
合
合
吉
吉
吉
同
同
同
名

名名名后后吏

吐吐向君君君

吟否含含含呈

呈吳吳吳吹吹

吾
吾
告
告
吕
周
周
周
呪
呪
味
味
命
命
命
命
咀
和
和
和
咏
咨
咨
咸

咸
咸
哀
哀
哀
品

品
品
哉
哉
貟
貟

哥
括
括
括
唐
唐

唐
唯
唯
唯
唱
問

啓
啓
启
啓
啓
啾
啼
善
善
譱
善
善
善
喈
喝
喻
喪
喪
嗌
單
嗟
嘉
嘉

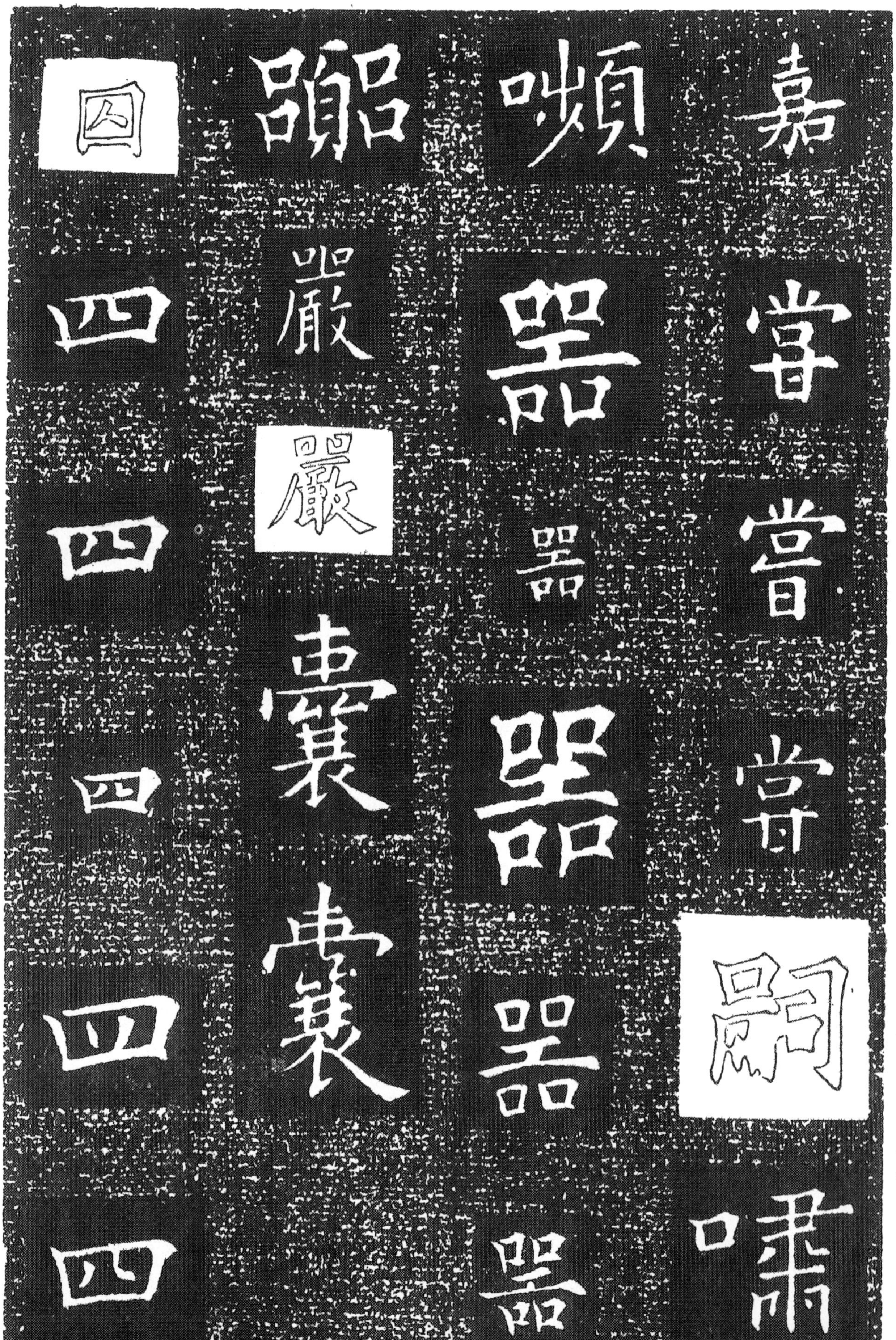
嘉 嘗 嘗 嘗 嘯
嚬 器 器 器 器 器
嚴 嚴 囊 囊
囚 四 四 四 四 四

圍　國　困　囬

園　國　固　廻

囨　國　固　囬

囩　國　固　囘

圎　圍　國　囚

圖　圍　國　曰

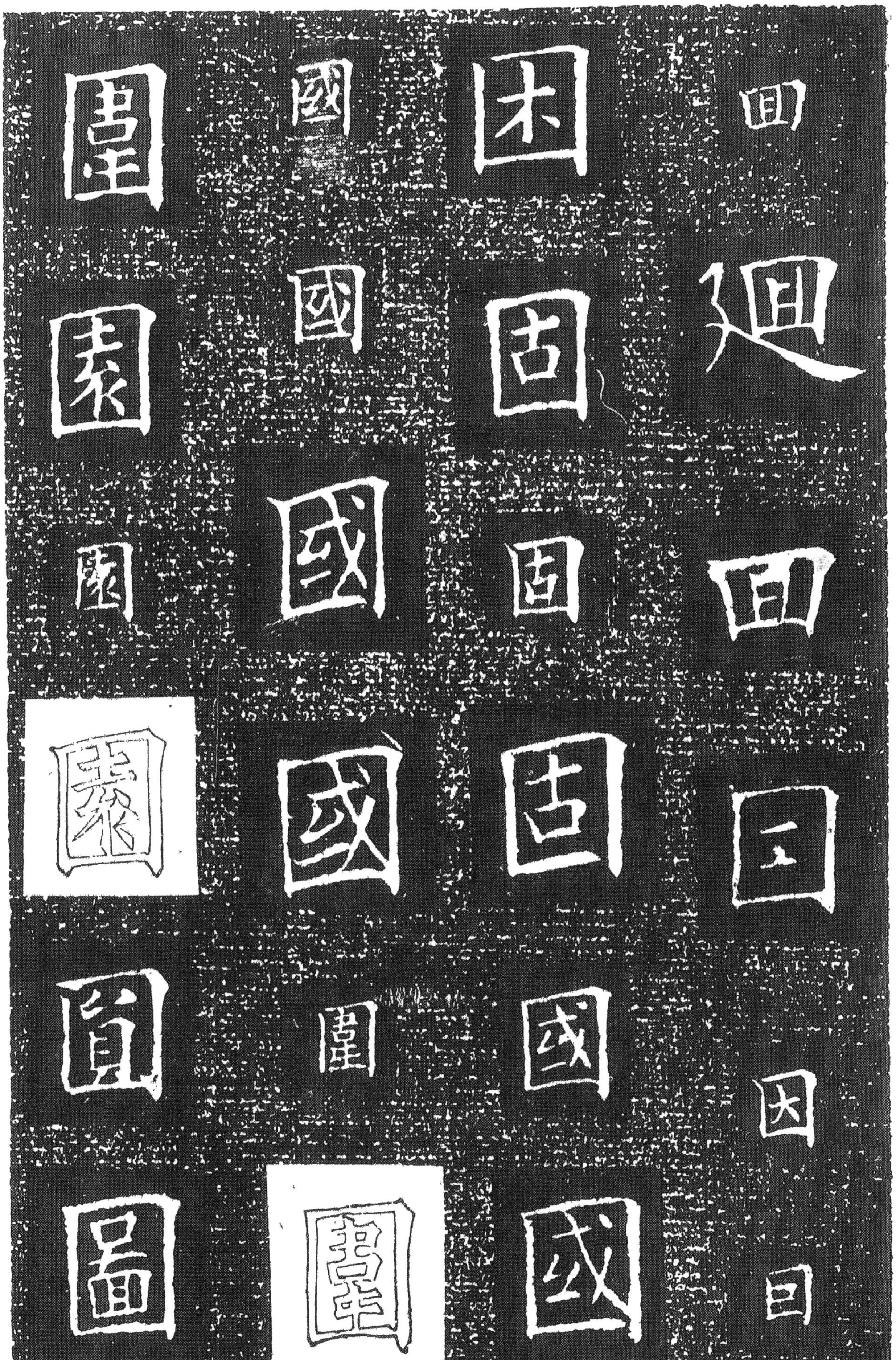

啚
啚
啚
圖
圜

土
土
土
土
在
在

在
在
地
地
地
地

均
坐
坤
垂
垂
垂

垂
垢
垣
垣
城
城
城
域
域
執
執
執
基
基
堂
堂
堂
堂
堅
堅
堤
埭
堞
堯

報 場 場 堂 塔 塔

塗 塗 塞 塞 塞 填

塵 塵 墀 境 境 墉

墓 墓 墓 墓 墜 墜

增
增
增
墟
墟
墨
墨
墳
墳
壇
壇
壁
壁
壁
壘
壘
壑
壑
壑
壚
壞
壤
壤

士
士
士
士
士
士
壯
壹
壽
壽
夏
夏
夕
夕
外
外
外
外

夙夙夙多多多
多多夜夜夜夢
大大大大大天
天天天太太太

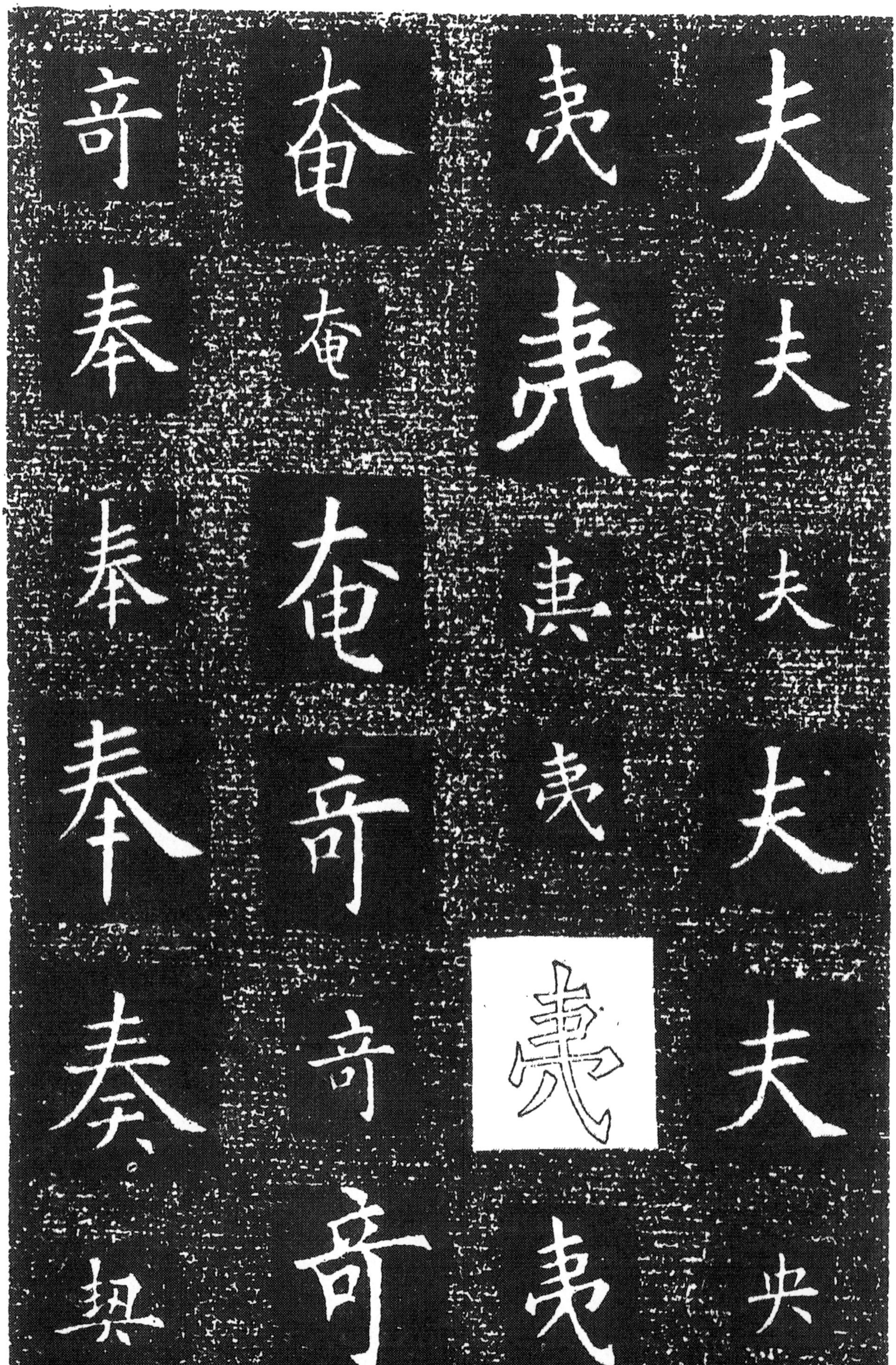
夫夫夫夫夫央
夷夷夷夷夷夷
奄奄奄奇奇奇
奇奉奉奉奏契

契契奔奔奔奔
奕奠奠奠奠奧
奧奪奪奪奮
女女奴好好如

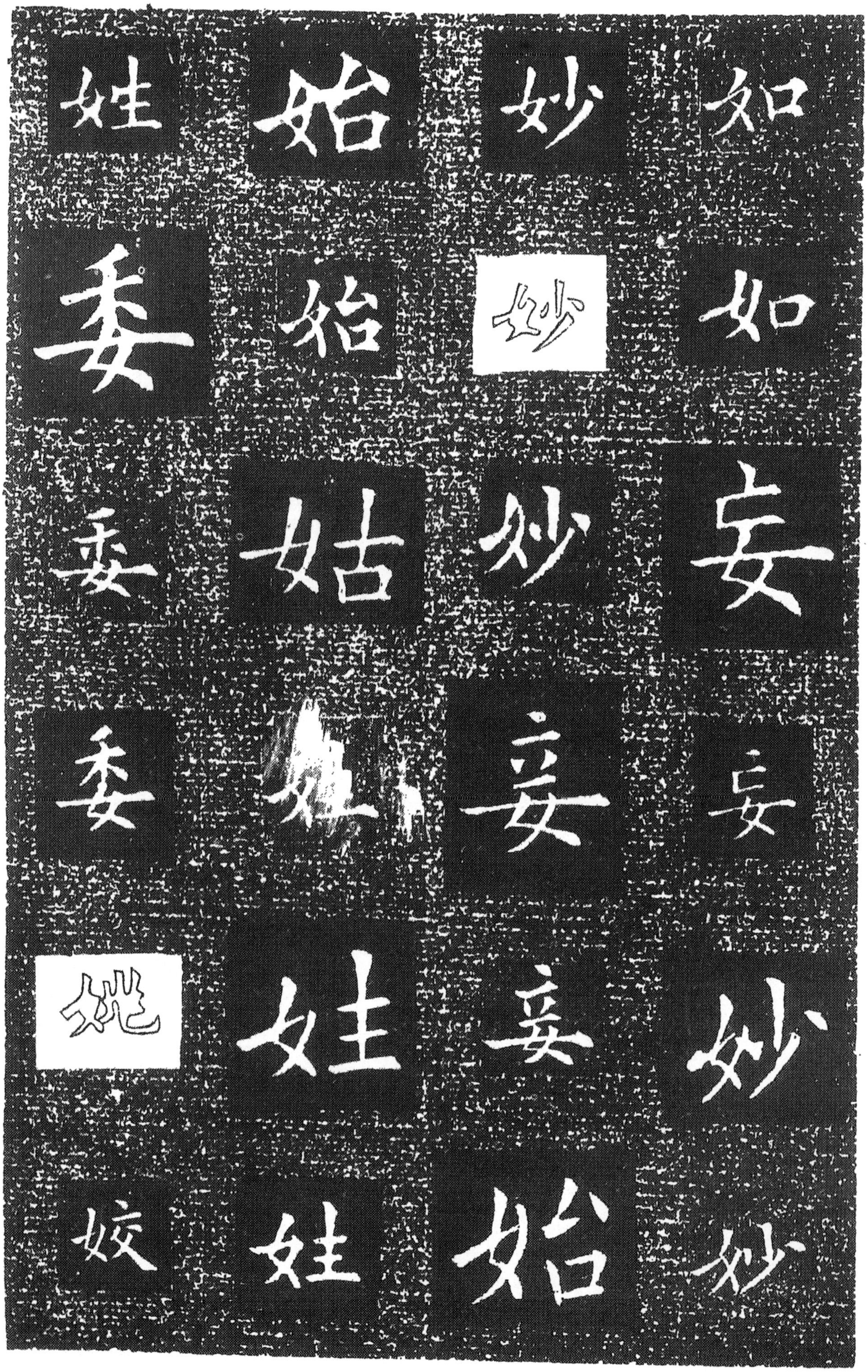
如如妄妄妙妙
妙妙妙妄妄始
始始姑姓姓
姓委委委姚姣

姦
姪
姬
姬
姿
姿
姿
姿
姿
姿
戚
威
戚
戚
威
姿
娛
妻
婆
婦
媒
媚
媚
媛

嫡
嫣
嫣
嬋
子
子
子
子
子
子
孔
孔
孕
孕
字
字
字
字
存
存
存
存

孝 孝 孝 孝 孟 孟
季 季 孤 孫 孫 孰
孰 學 學 學 學 孽
宂 宅 宅 宅 宅 宇

宇寓宇宇守守
守安安安安宏
宏宏宏宗宗宗
宗宗官官官官

宙 宙 定 定 定 定
宜 宜 宜 客 客 宣
宣 室 室 室 室 室
宮 宮 宮 宮 宰 宴

家
家
家
宸
容
容
容
容
宿
宿
宿
寄
寄
寅
密
密
密
密
寇
富
寐

寒
寓
寓
寔
寔
察
察
察
寘
寘
寢
寢
寑
寤
寥
實
實
實
寧
寧
寧
審

審
寫
寫
寬
寬
賓
寮
寵
寵
寵
寵
寵
寶
寶
寶
寶
寶
寸
寺
寺
封
封
封

封
射
射
射
射
将
将
将
将
将
将
専
専
尉
尉
尉
尊
尊
尋
尋
尋
尋
尋
對

對對導導導
小小少少少少
尚尚尚尚尚
尤尤尤就

尺
尺
尹
尼
尼
尼
居
居
居
居
居
屆
屈
屈
屋
屋
展
展
展
展
展
屠
屠
屢

屢 屐 履 履 履 履
屬 屬 屬 屬 屬
屯 屯
山 山 山 山 山 岑

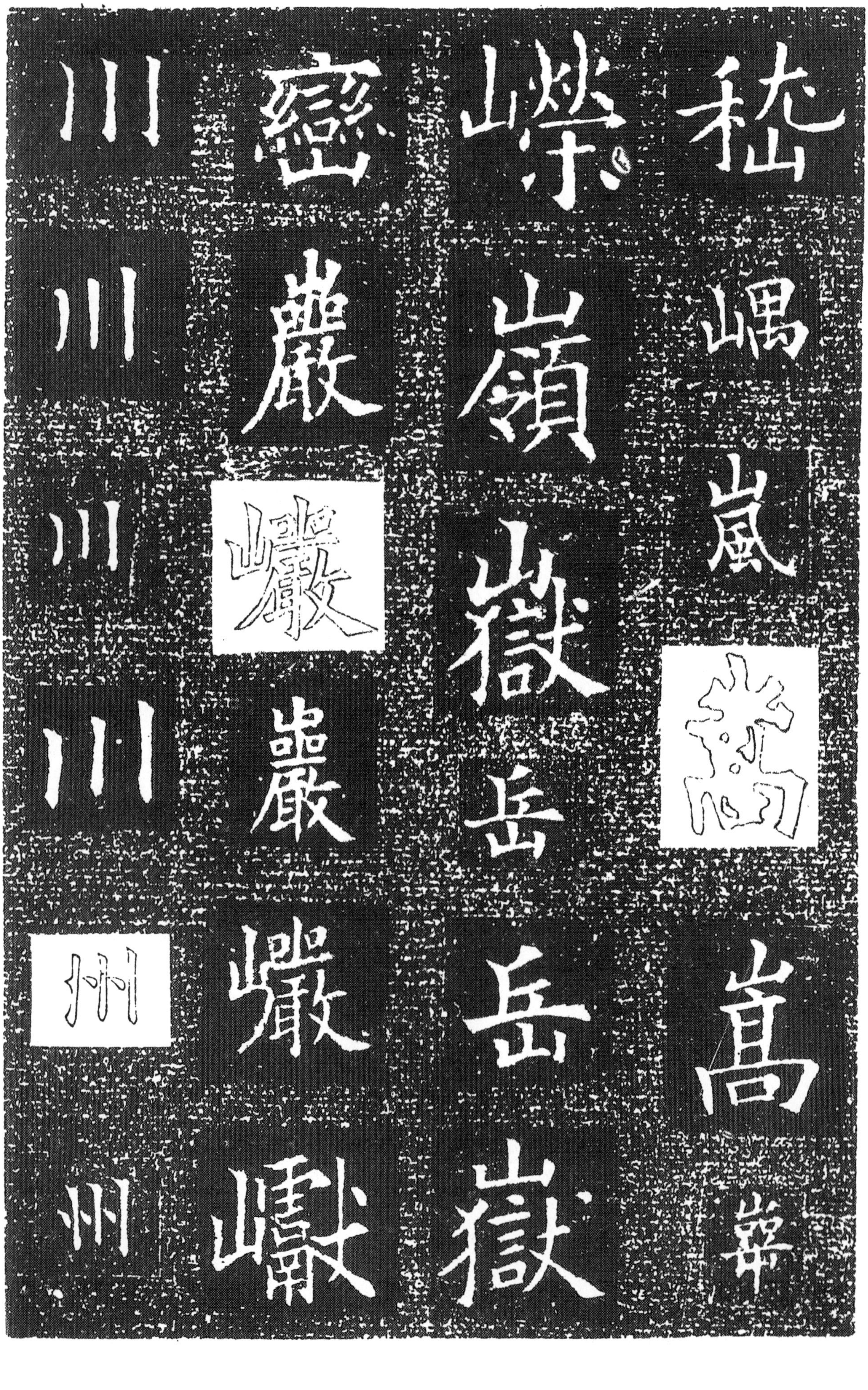
嵇
嵎
嵐
嵩
嶭
嶸
嶺
嶽
岳
岳
嶽
巒
巖
巗
巖
巗
巘
川
川
川
川
州
州

州
州
巡
巡
巡
巢
工
工
工
左
左
左
左
巧
巨
巨
差
己
己
己
己
己
己

帝	希	巾	已
帝	怫	市	巳
帝	帛	布	巳
帥	帛	布	巳
師	帛	布	巳
師	帝	希	

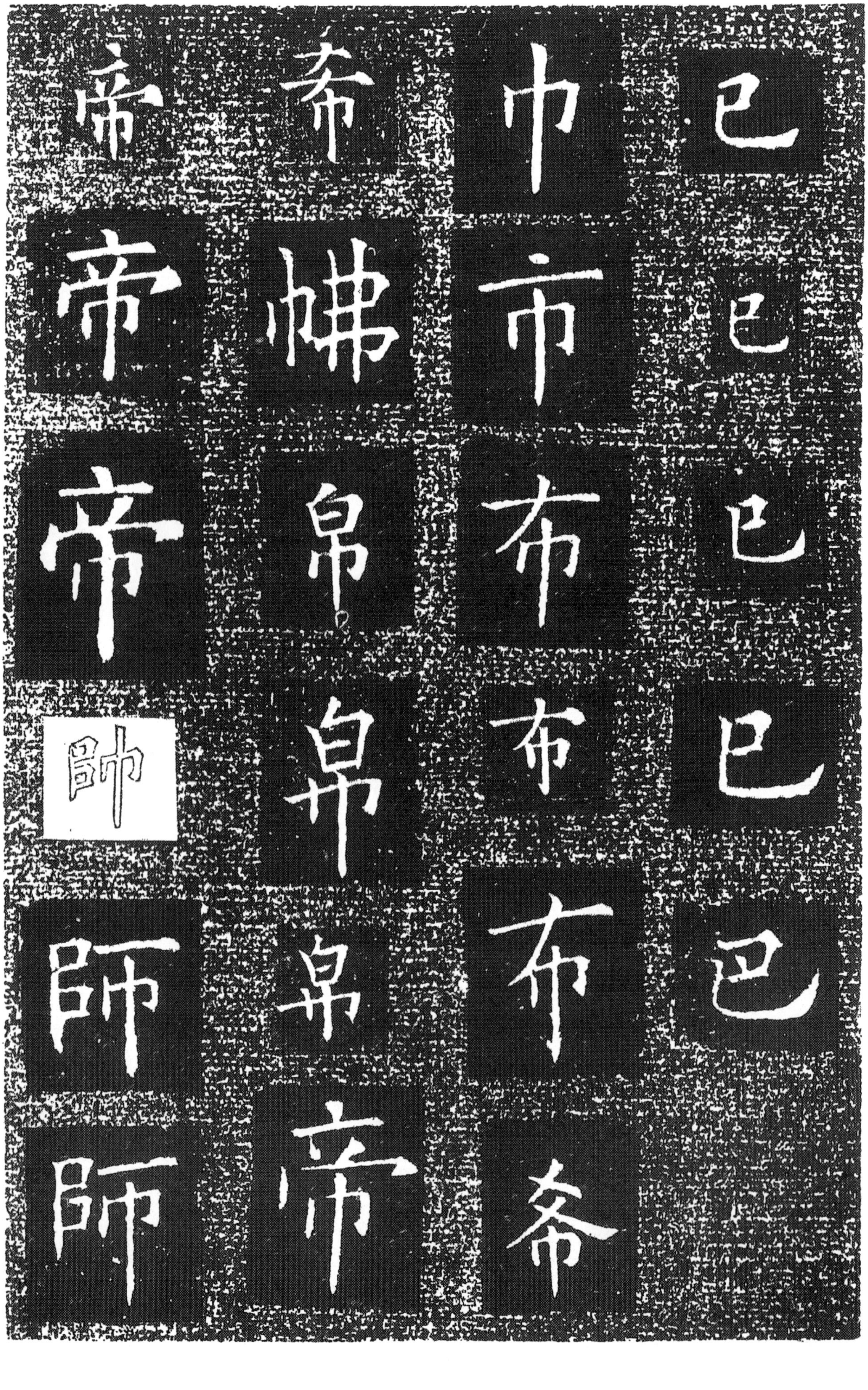

師 師 師 席 席 席
帳 帶 帶 帷 帷 常
常 常 幕 幙 幘 幟
干 平 平 平 平 平

幽　務　年

幾　幼　弁　年

幽　務　韋　季

幾　幽　年

幽　弁

幽

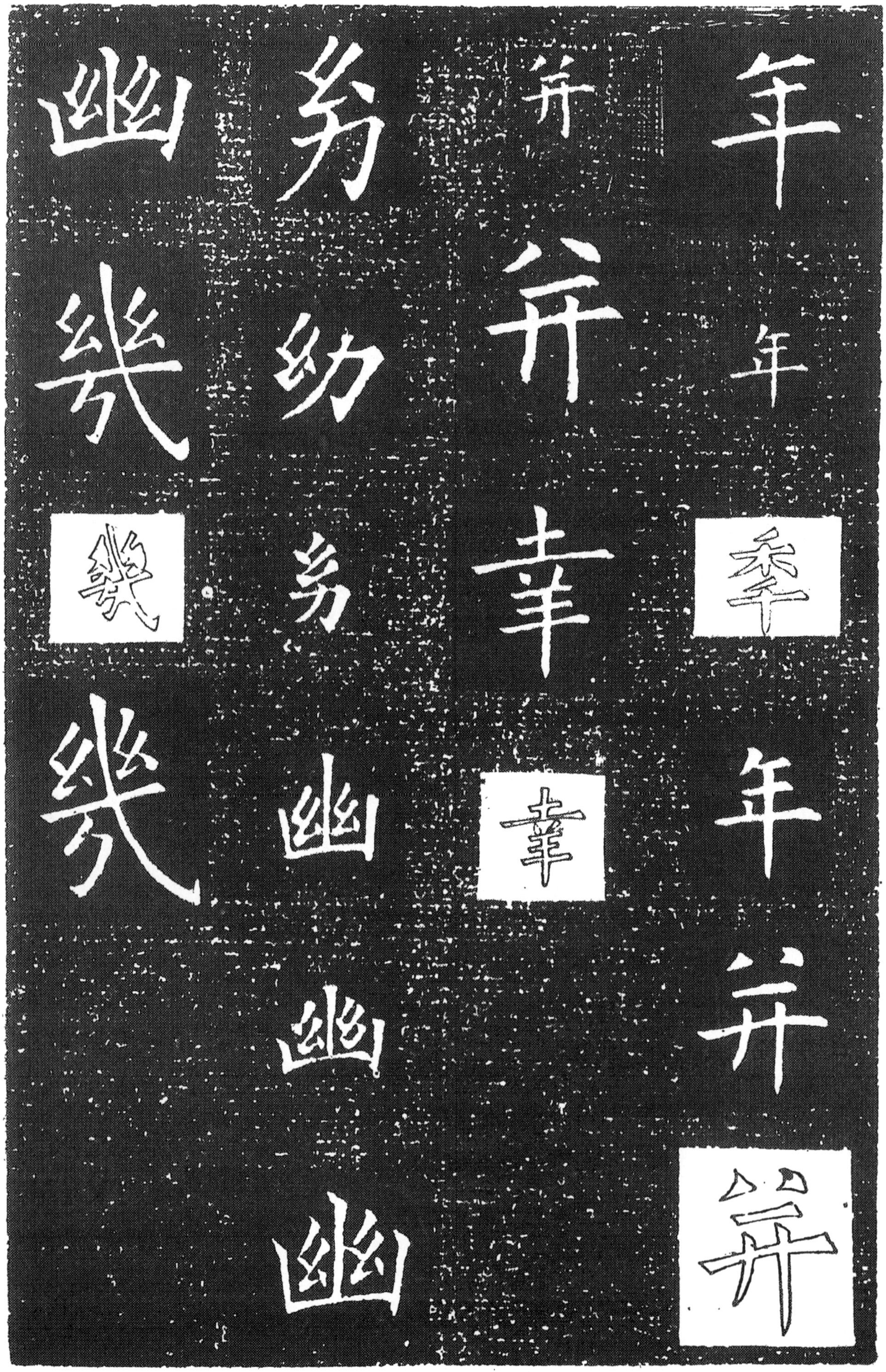

序
序
序
底
底
底
庄
庚
府
府
府
府
庠
庠
度
度
度
度
庭
庭
庭
庶
庶
庶

廟　廊　庸　庶

　廊　　康

廟　廊　鹰　廐

　廊　廈　康

廟　廊　　康

　廊　廛　庸

廟　廓　廊　庸

庶　廓　廊　庸

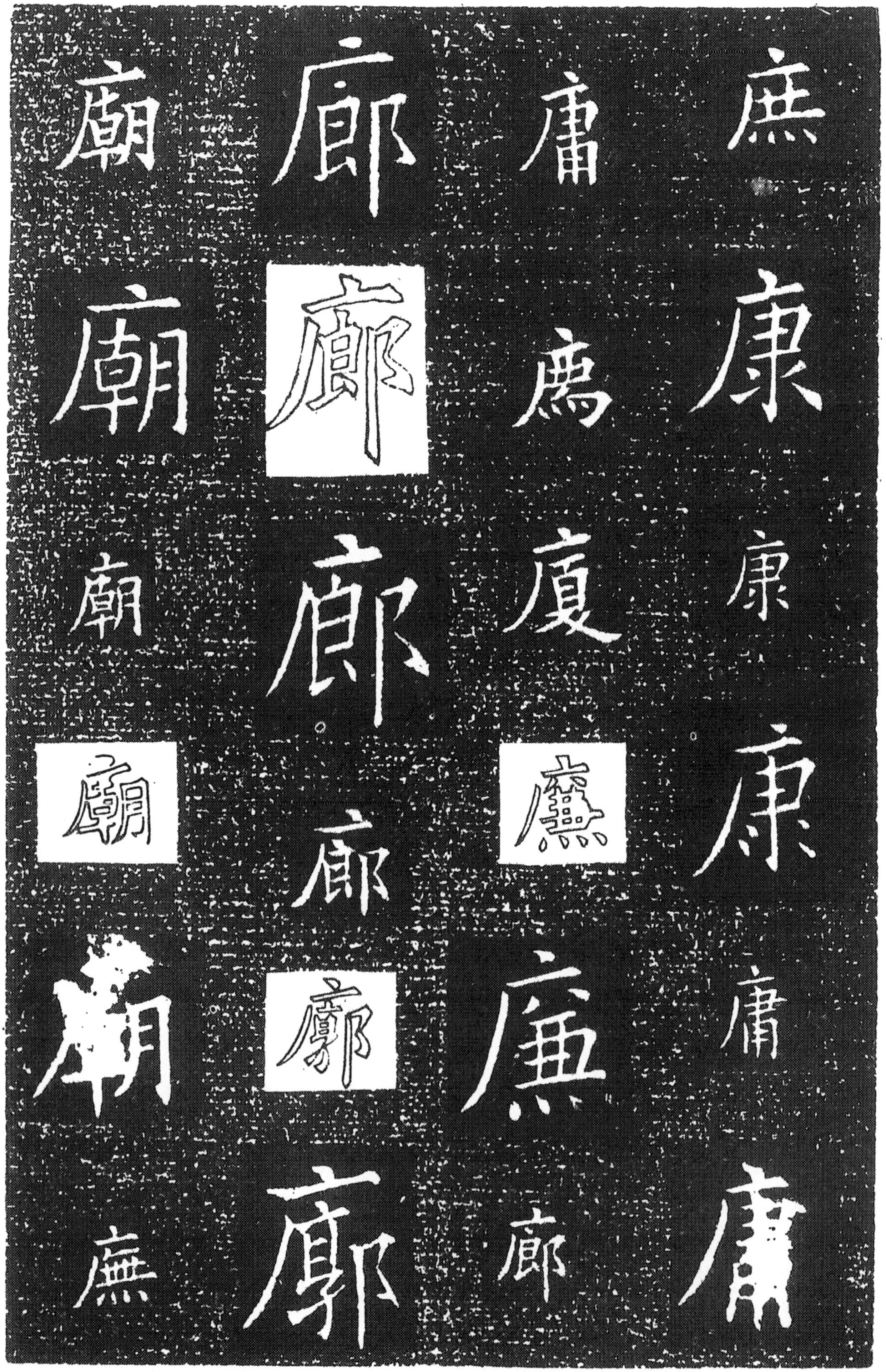

广部 廴部 廾部

廢 廣 廣 廩 廬

廷 廷 延 延 延 延

建 建 建 建 建

弁 弄 弃 弊

式
式
式
式
式
弓
弓
弓
弔
弔
弔
弔
引
引
弗
弗
弗
弘
弘
弘
弘
弘
弟

弦
弦
弧
弧
弭
弱
弱
弱
張
張
張
張
强
彈
弥
弥
彎
彝
彝

形 形 形 形 形 彥

亥 彫 彫 彭 彭 彰

影 影 影

歐法字彙卷二

彼
彼
彼
往
往
往

征
征
征
待
待
待

律
律
律
後
後
後

後
後
徑
徒
徒
徒
得
得
得
從
御
御
御
御
御
從
從
從
從
從
從
復
復
復

循　徵　德　心

徽　徵　德　心

徵　德　徽　心

微　德　心

微　徵　心

微　德　徵　心

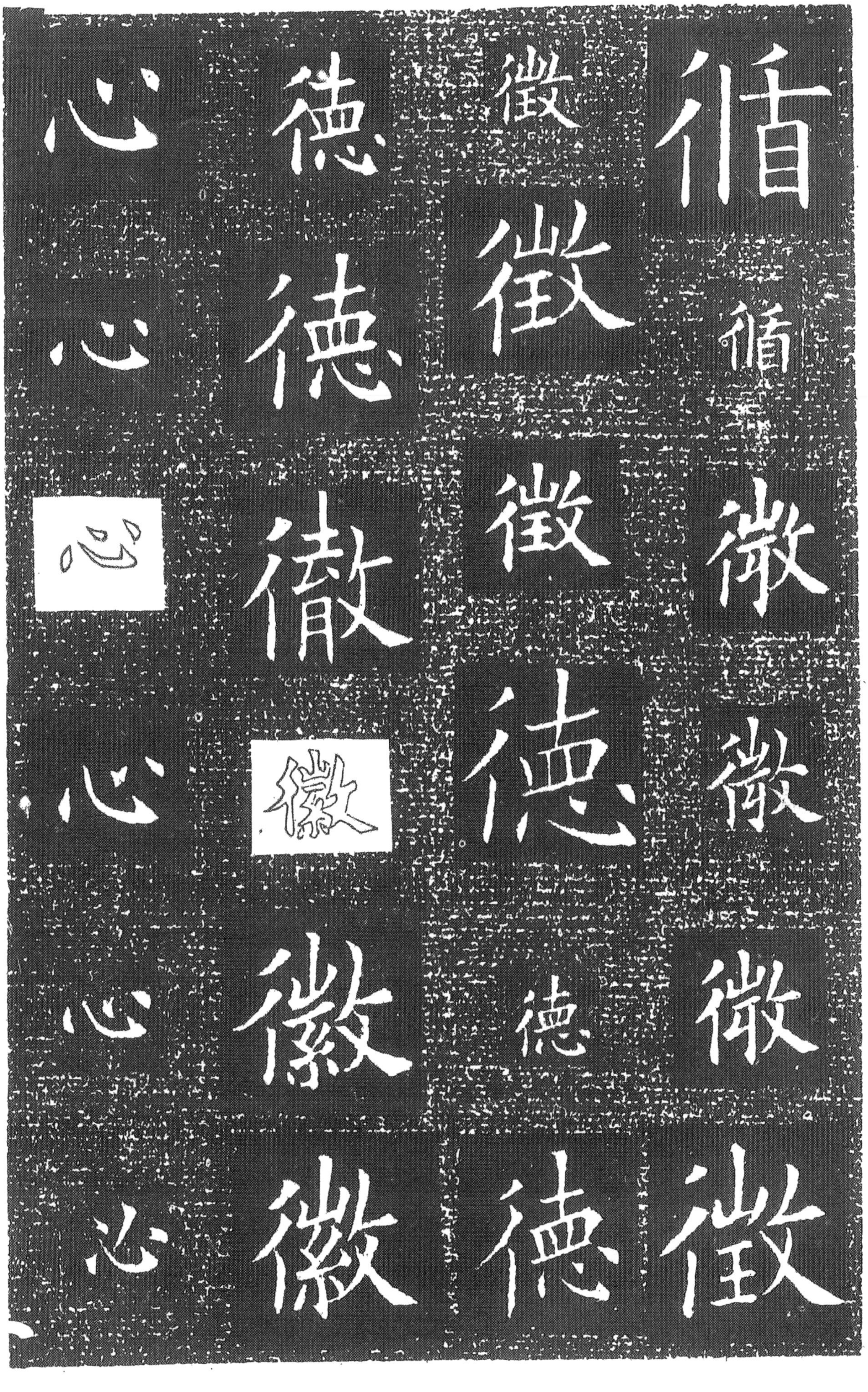

必
必
必
忌
志
志
志
志
志
忘
忘
忘
忘
忘
忠
忠
忠
忠
念
念
忽
忽
怖
思

恥　恐　性　思

耻　恐　性　思

恨　恐　性　思

恩　恒　性　怡

恩　恢　怨　性

恩　怨　恣

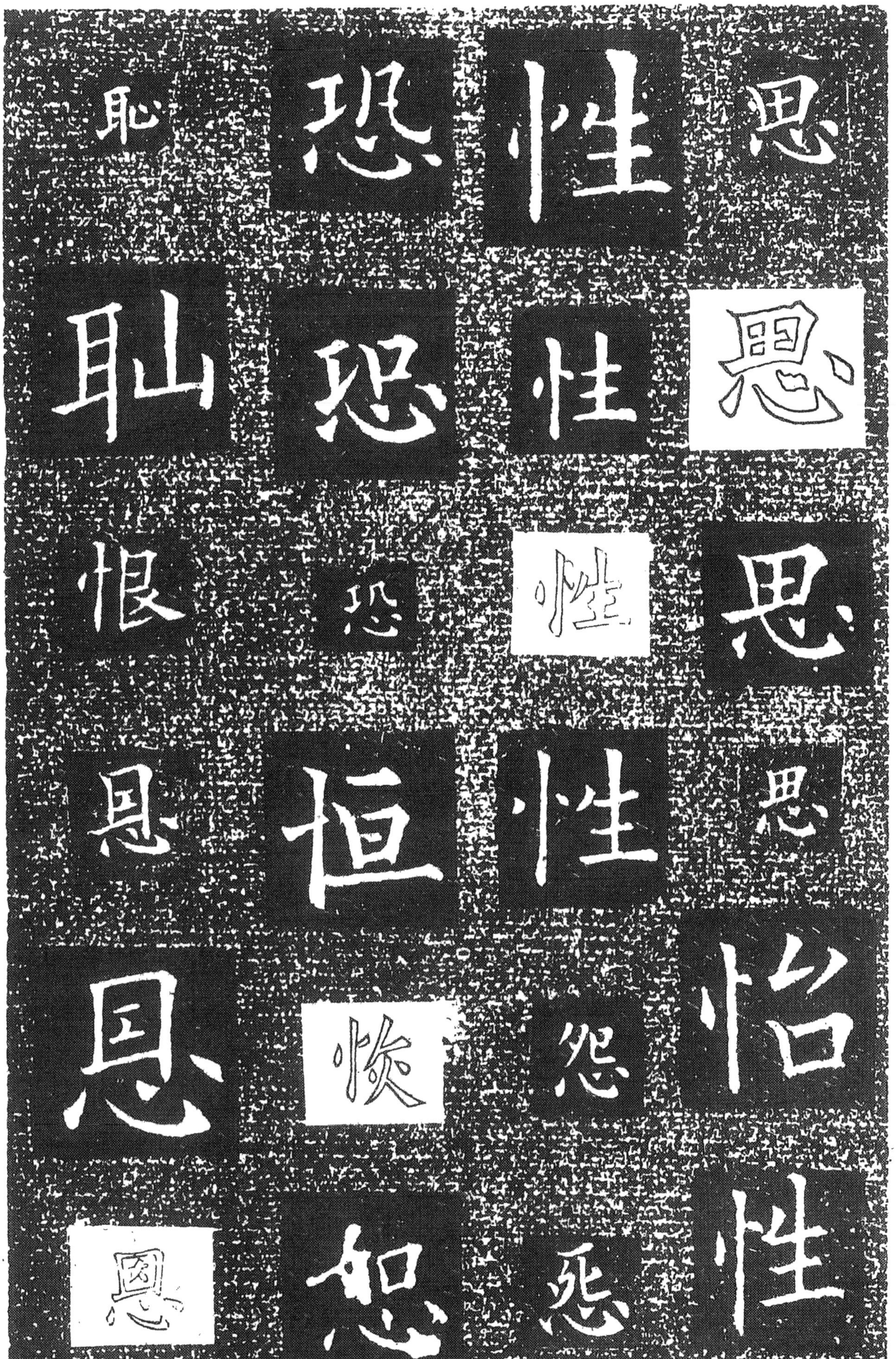

悲	悱	息	愿
悲	悍	息	恬
悲	悇	息	恭
悵	悚	悅	恭
悼	悟	悅	恭
悼	悟	悲	恭

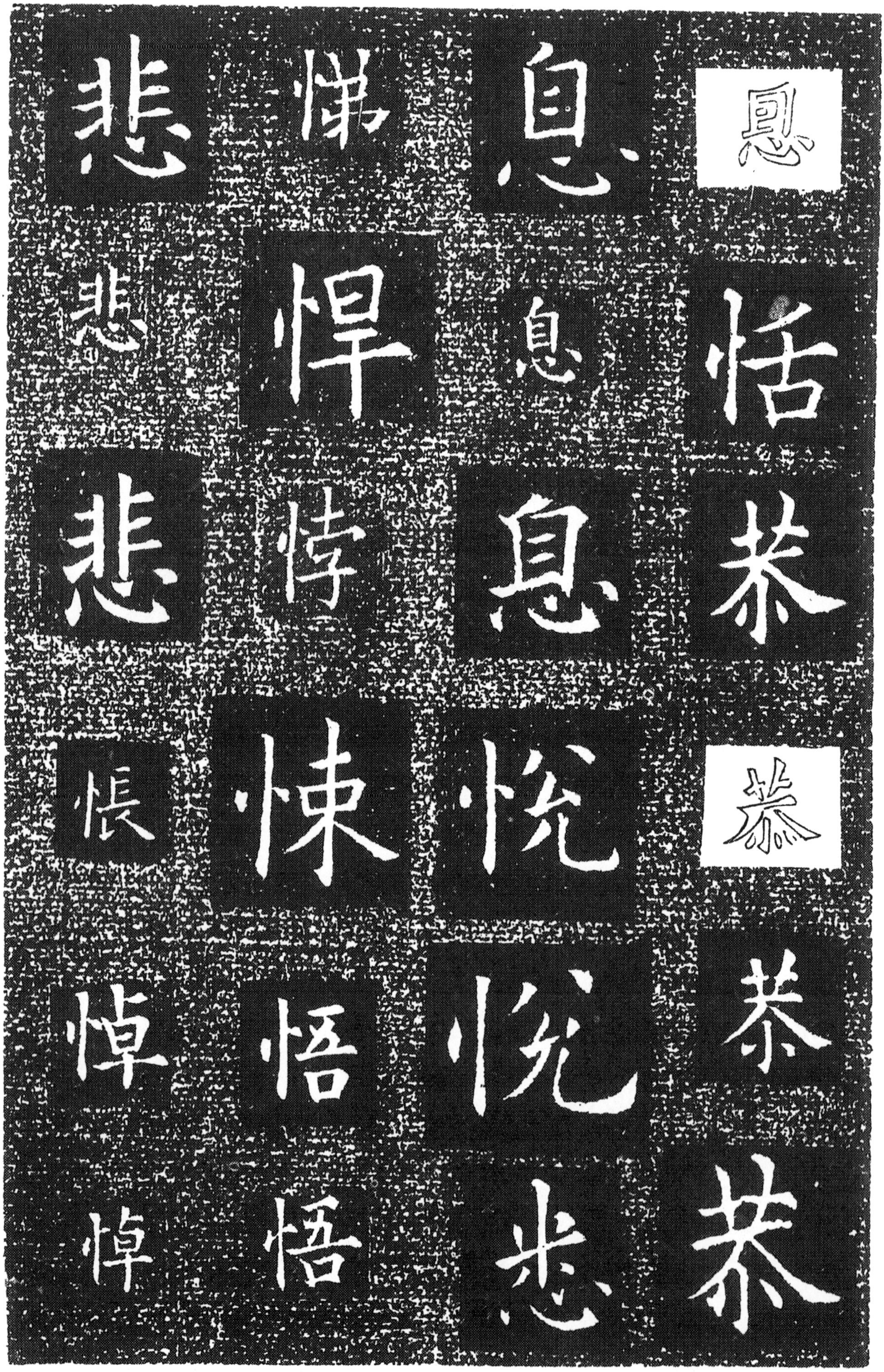

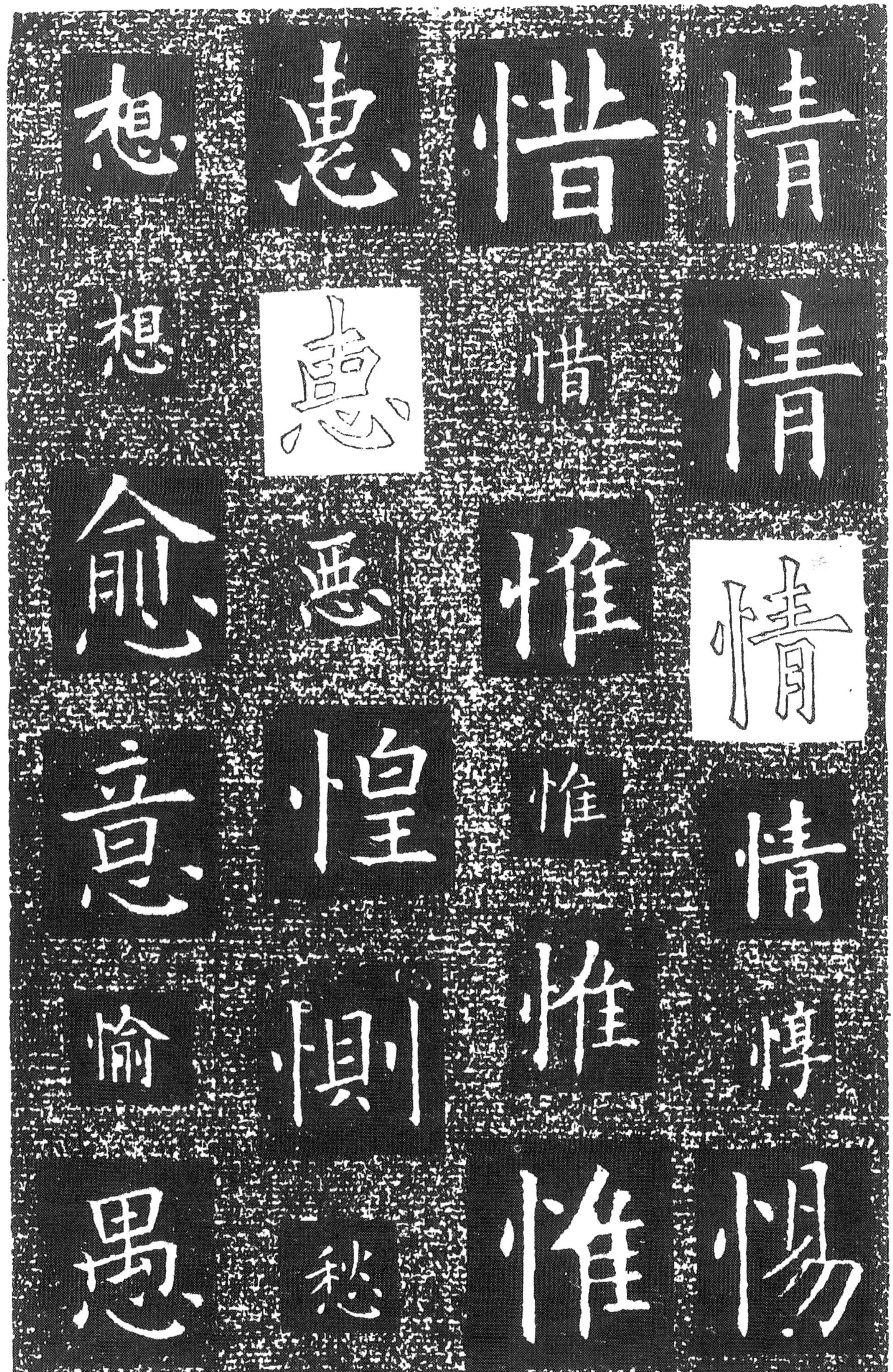
情
情
情
情
惇
惕
惜
惜
惟
惟
惟
惟
惠
惠
惡
惶
惻
愁
想
想
愈
意
愉
愚

愛　慍　慈　慕

愛　慎　慈　憗

感　　　　匿

感　慈　態　慟

感　　　慌　慟

愧　慈　慕　懃

　　慕

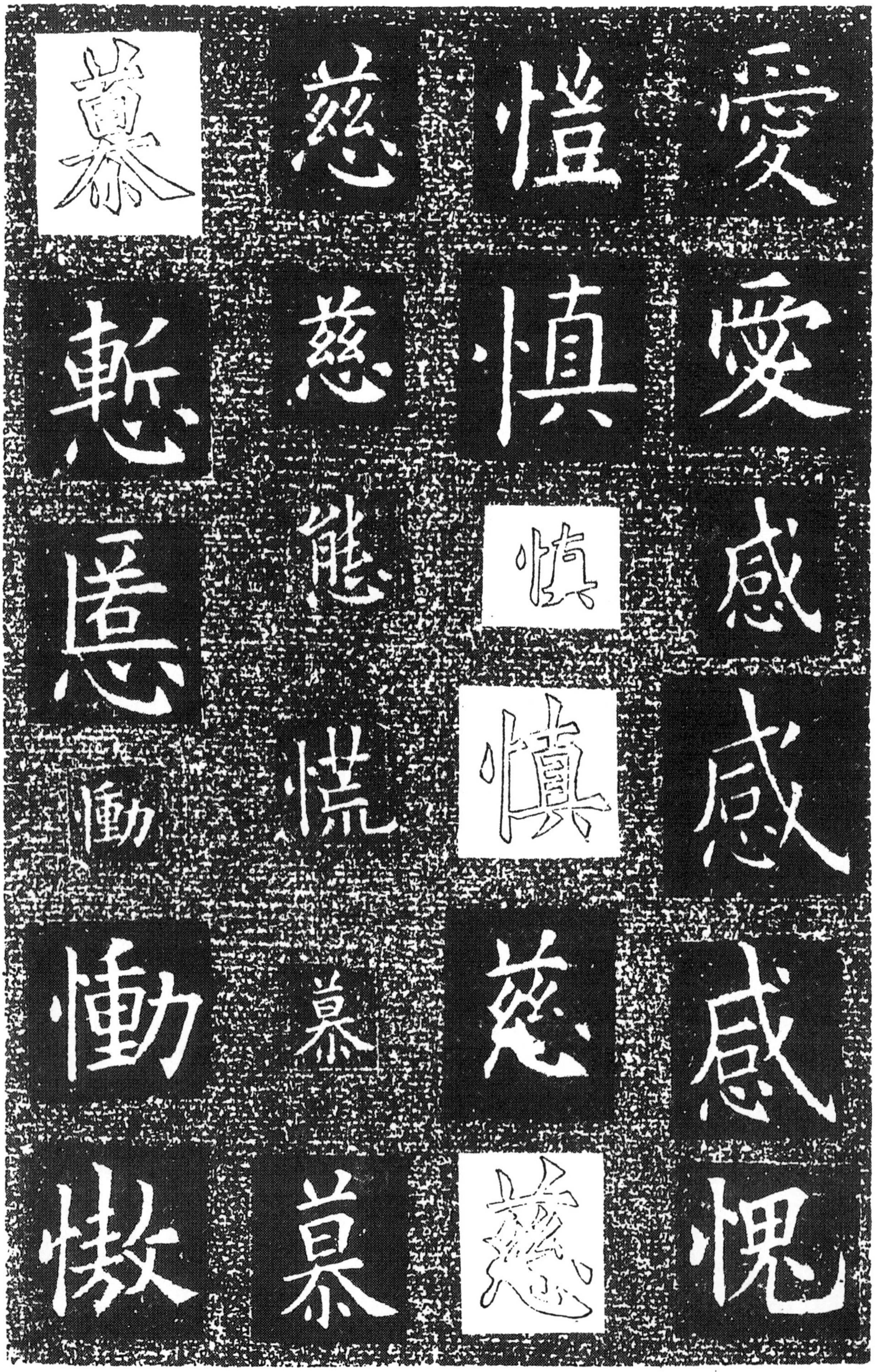

慧
慧
慨
憲
憲
慰
慰
慰
慴
慶
慶
慶
慶
慼
憂
憂
憂
憂
憑
憫
憲
憲
憲
憲

懸　懿　應　憲

　　懷　應　愍

懸　　　　　解

懼　懷　憋

　　　懇　應

懼　懷　懼　應

　　懷　　應

　　懷　懿　應

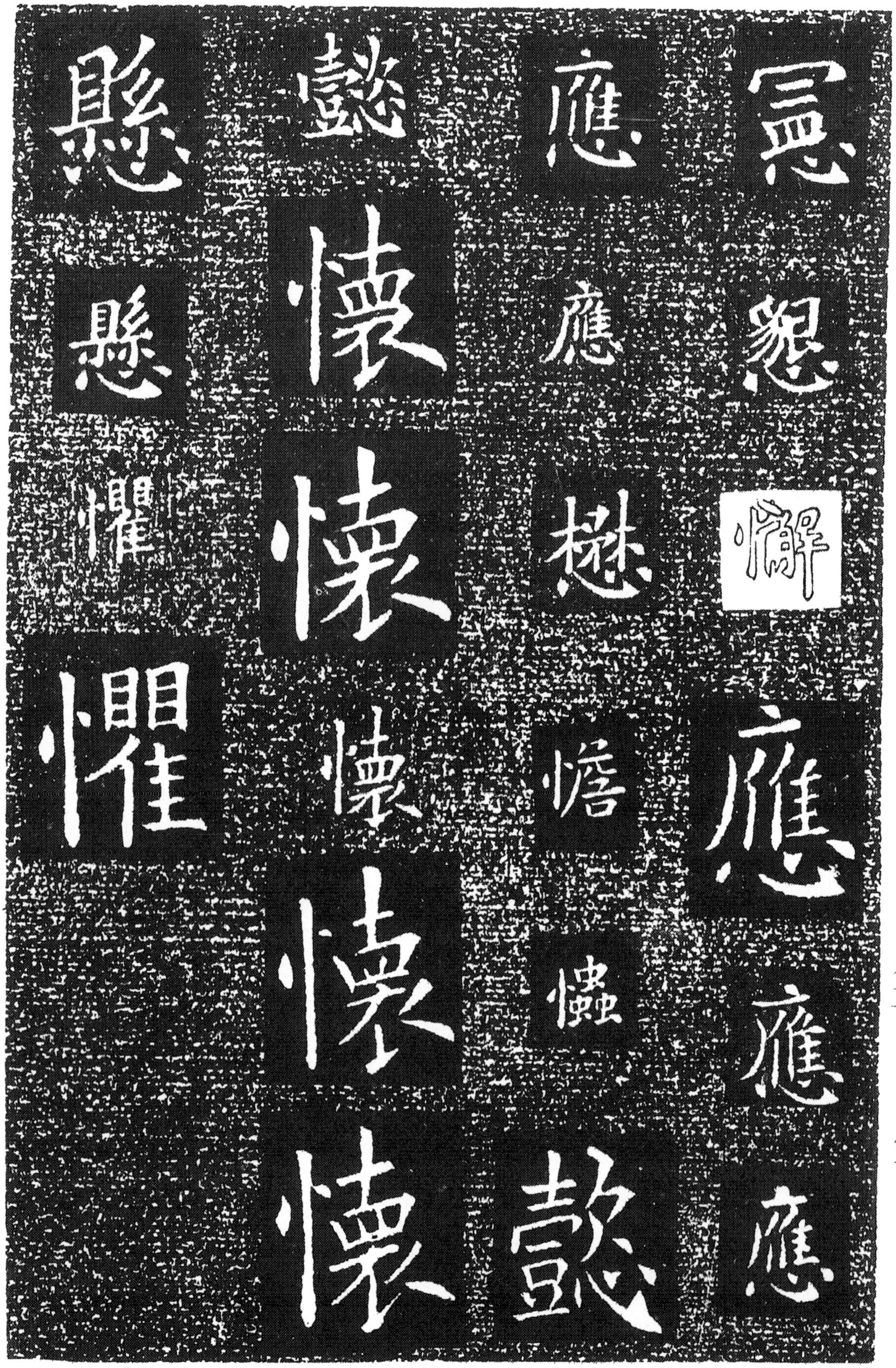

戈　戌　我　戚

戈　成　我　戰

戈　戍　或　戢

戎　成　或　戟

戎　我　或　截

戎　我　或　戲

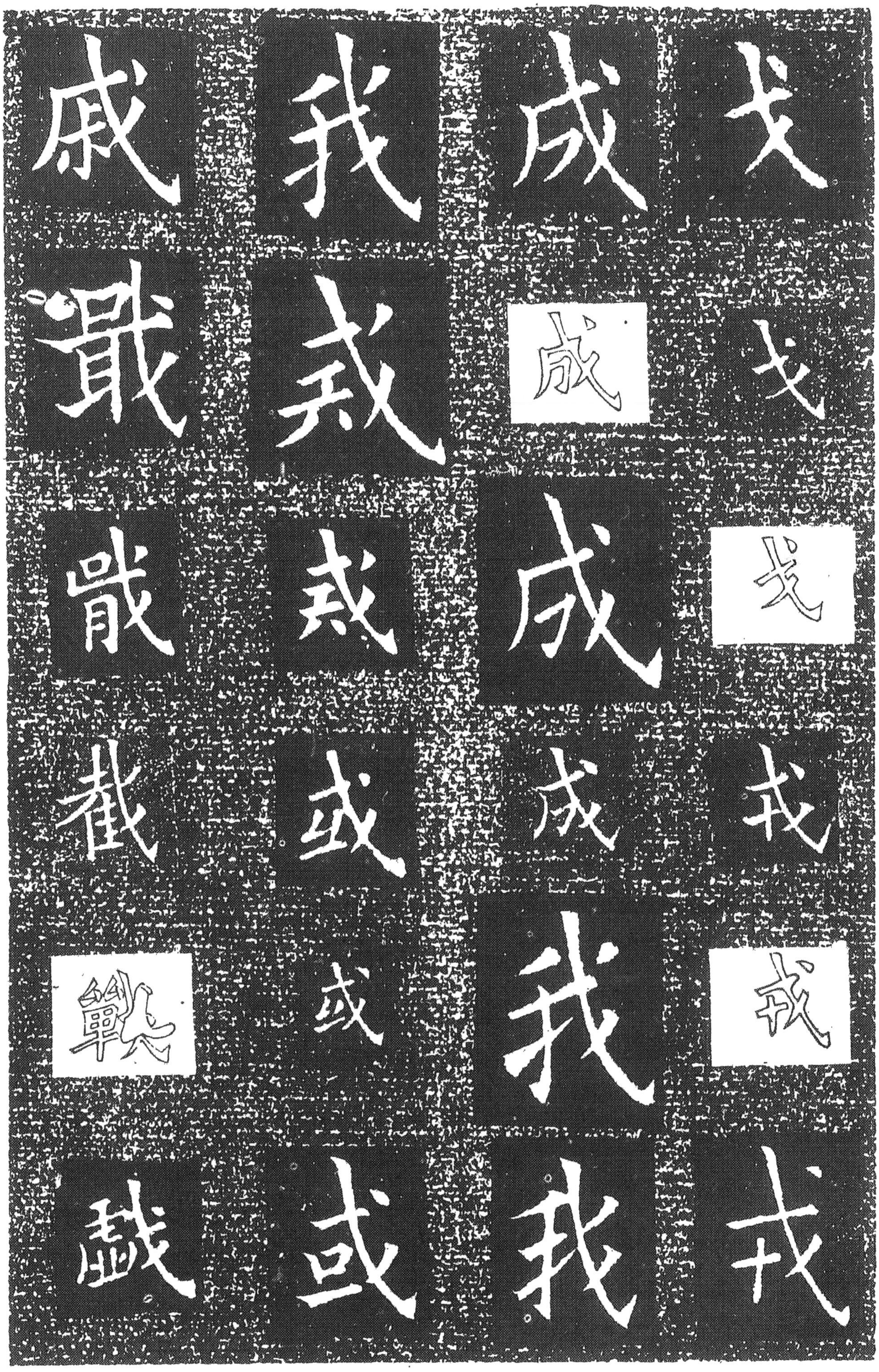

戸

戸

戸

戸

房

戾

所

所

所

所

所

局

戾

扇

手

所

扌

扌

扌

扶

扶

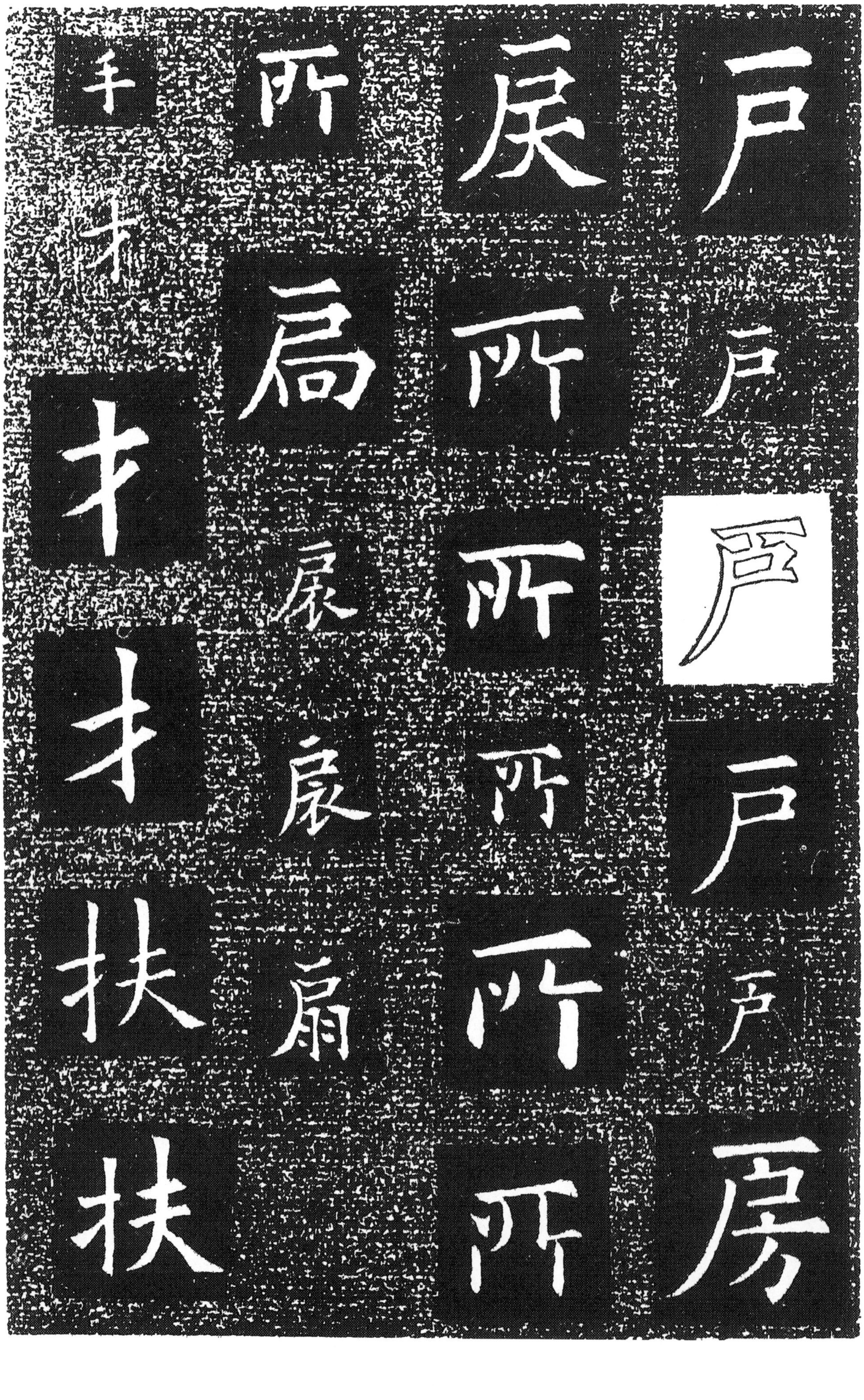

承
承
承
承
把
抑
抑
抑
投
投
抗
抗
抗
抗
折
折
折
拔
抽
拊
抱
抱

按	拾	招	挈
挍	持	括	拒
技	持	拜	拔
挍	持	捺	振
振	拒	拱	扱
振	指	拳	招

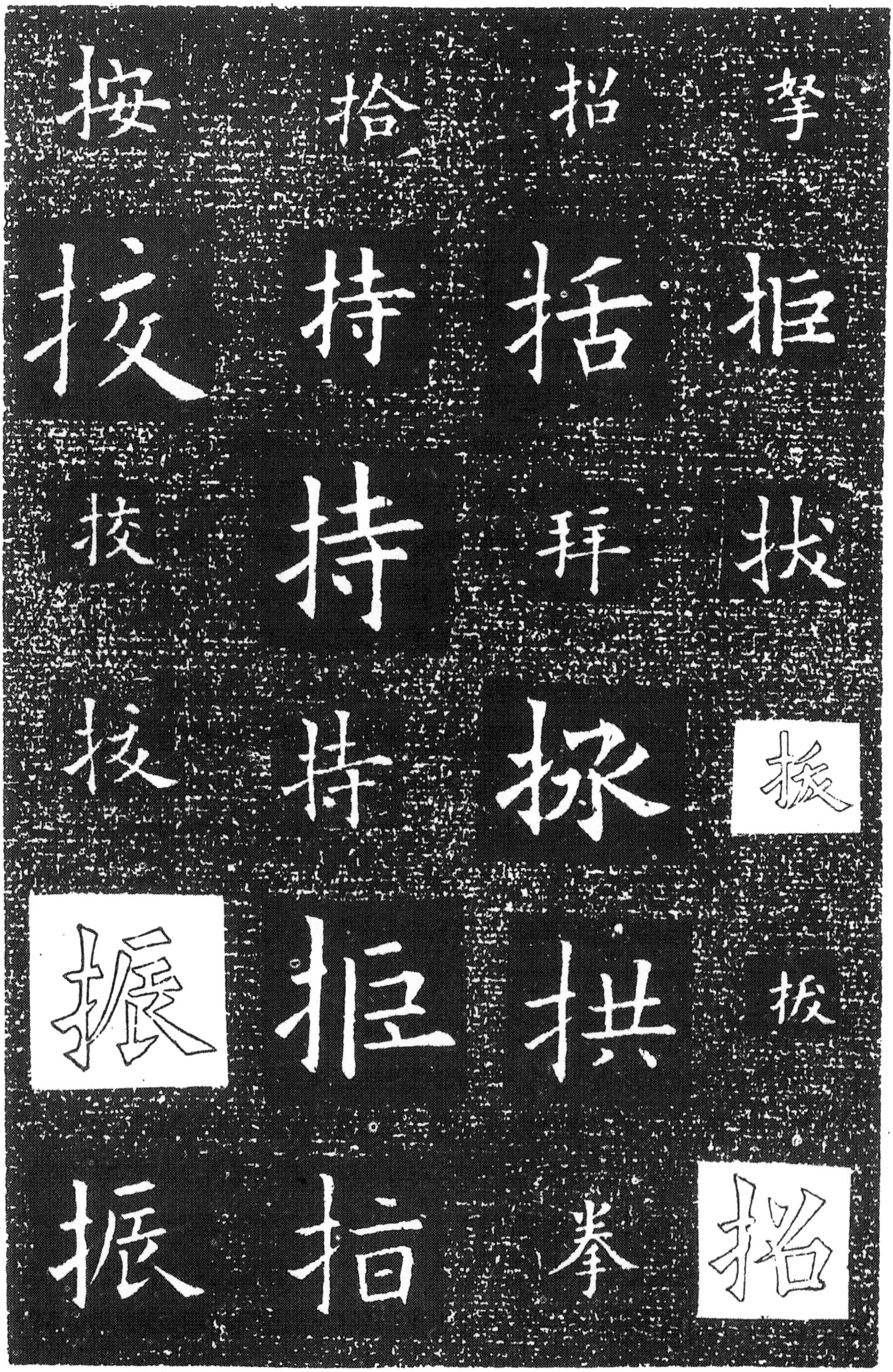

振 挹 挹 挺 捐 捐
挻 捕 捕 捧 捨 捨
授 授 授 授 授
排 採 採 接 接 接

接
控
控
控
推
推
掩
掩
揆
提
提
提
揚
揚
揚
揚
握
握
揭
揮
援
搆
搆
損

撫　搏　推　損

橆　搏　攤　搖

播　摽　摩　搜

播　搞　摳　搢

播　撫　摳　寧

撫　撫　搏　捥

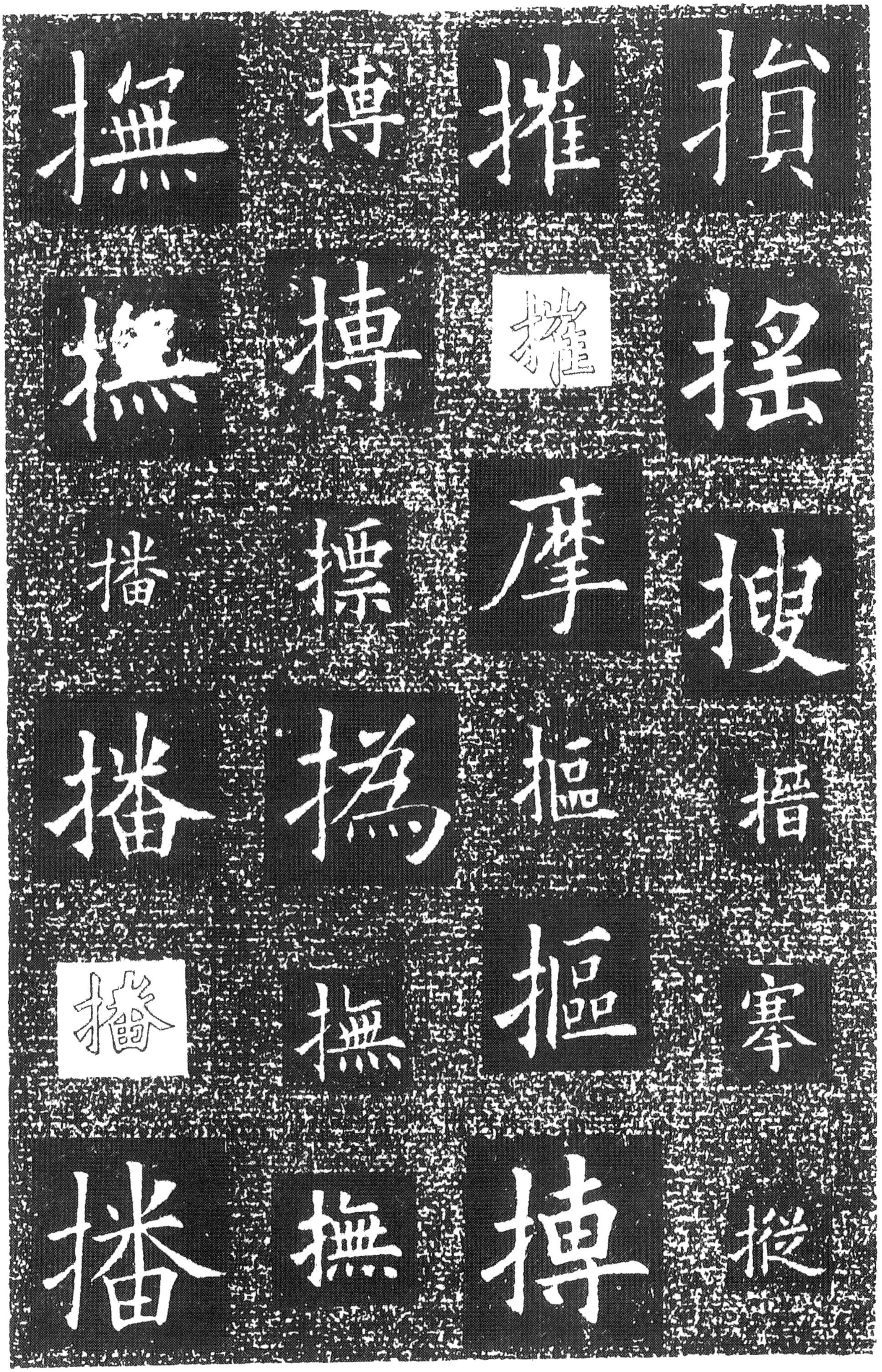

改	收	擾	擾
政	攸	攝	攉
政	攸	攝	攉
政	攸	攝	舉
放	改	擶	舉
攸	改		擾

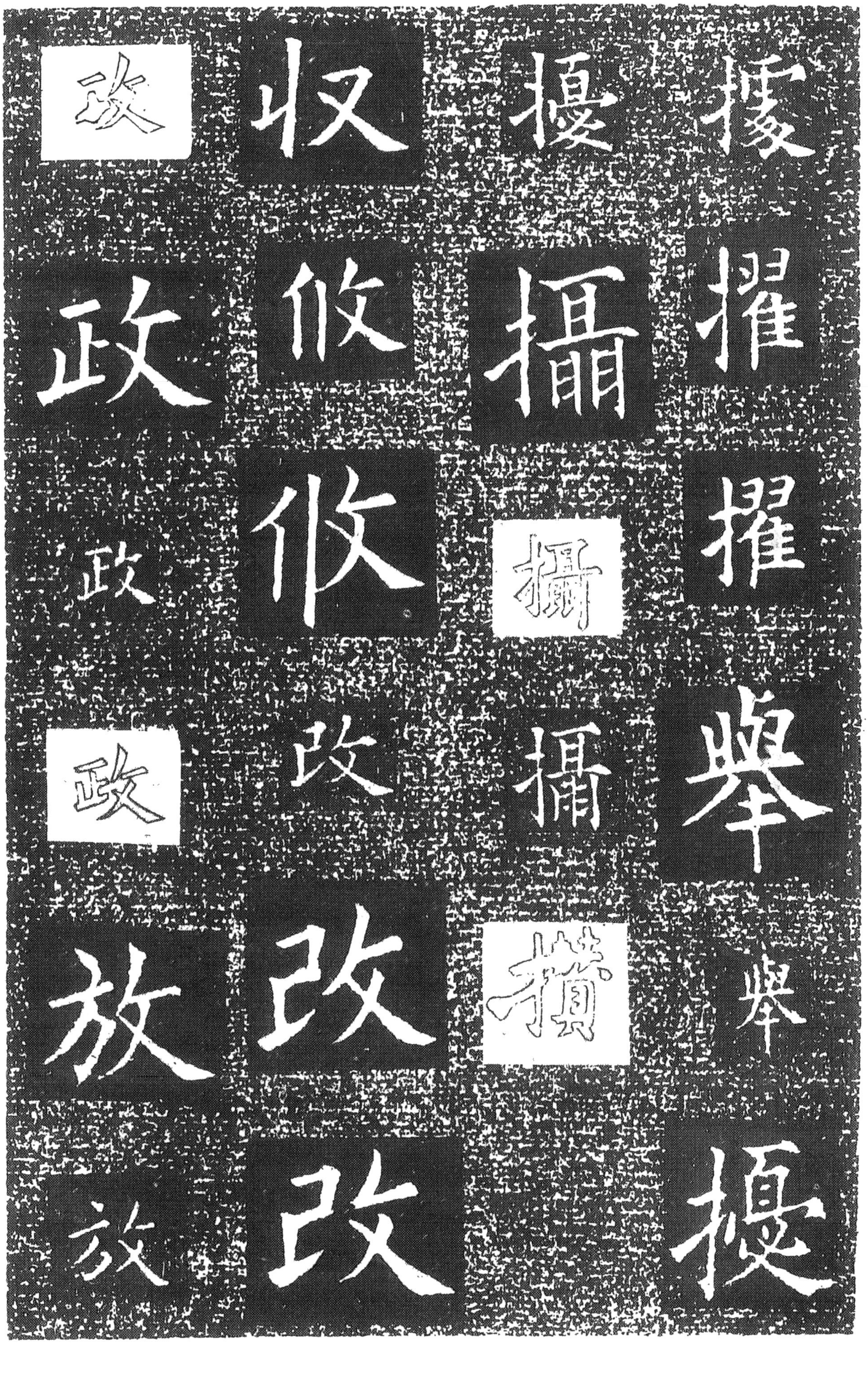

故
故
故
故
效
效
敘
教
教
教
敏
救
勅
勅
敢
敏
散
散
敦
敬

文
文
文
文
文
斗
料
料
斜
斡
斬
斬
斯
斯
斯
斯

新新斷斷斷
方方方方方方
於於於於於於
於施旂旃旃旃

日　旡　旐　旒

旣　族　旋

日　旣　旐　旋

日　旣　旗　旐

日　旣　旗

日　旣　旝　旋

旦

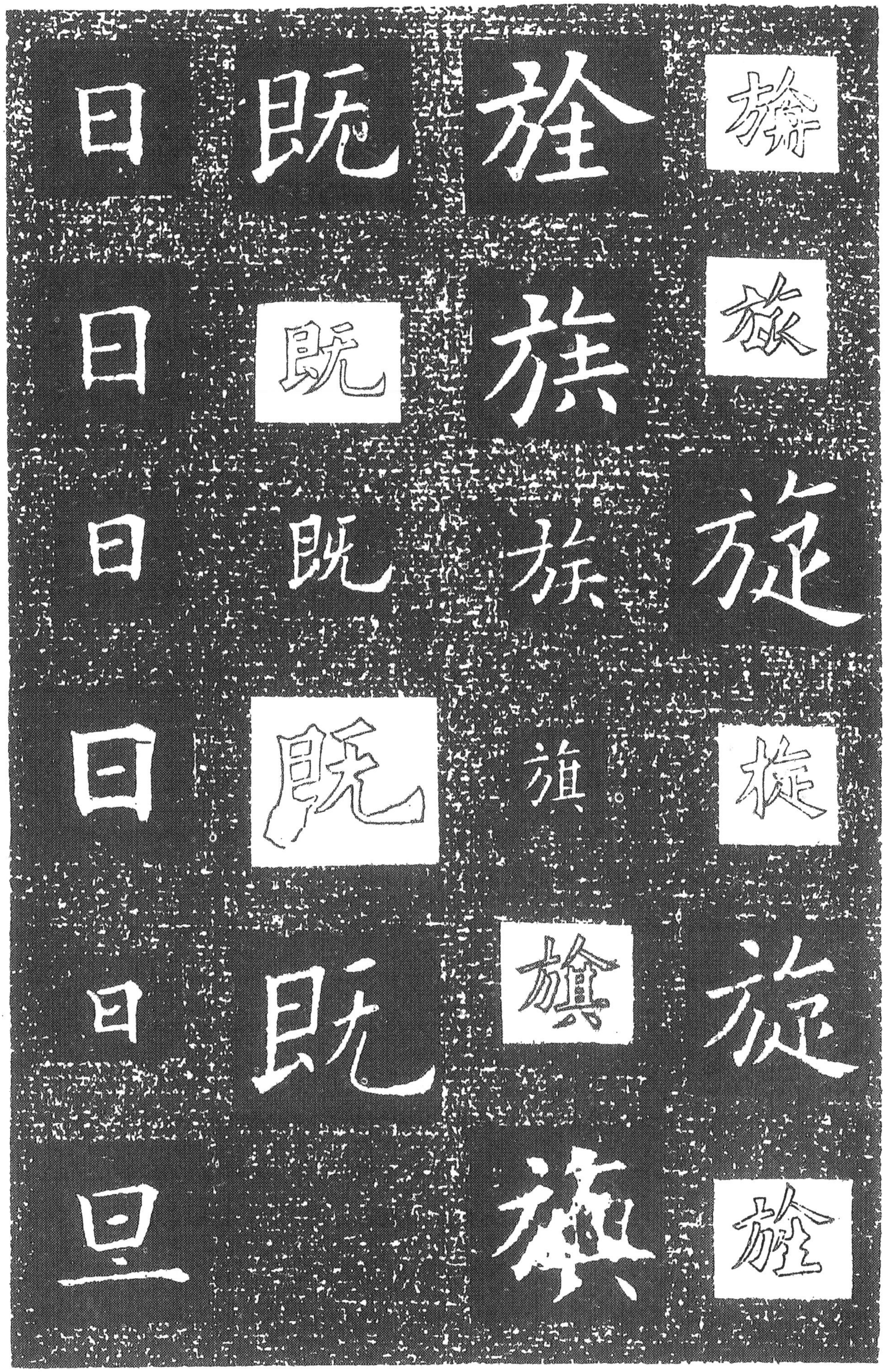

旦旦旨旨旨早
早早旬旬旬昂
昃昊昆昆昇昌
明明明明昏昏

易
昔
昔
昔
昔
星
星
星
暎
暎
暎
暎
春
春
春
昧
昧
昭
昭
昭
是
是
是
是

昴
昴
時
時
時
晉
晉
晉
晉
晉
晏
晚
晝
晝
晝
晤
晤
晦
晦
晦
晨
晨
晧
普

景
景
景
智
智
智

暉
暉
暐
暑
暑

暗
暢
暢
暮
暮
暮

暹
暨
暨
曆
曆
曇

暁
曉
曜
曜
曜
曠
曠
曠
曦
曩
曮
曰
曰
曰
曲
曲
更
更
更
曷
書
書
書

書
書
書
曾
曾
替
最
會
會
朅
月
月
月
月
月
月
有
有
有
有
有
服

朝　　望　　朗　　服

　　　　　　　　　服

朝　　望　　朗

　　期　　朝　　朗　　玥

　　期　　朝　　望　　玥

　朞　　朝　　堂　　玥

　　　朝　　望　　朝

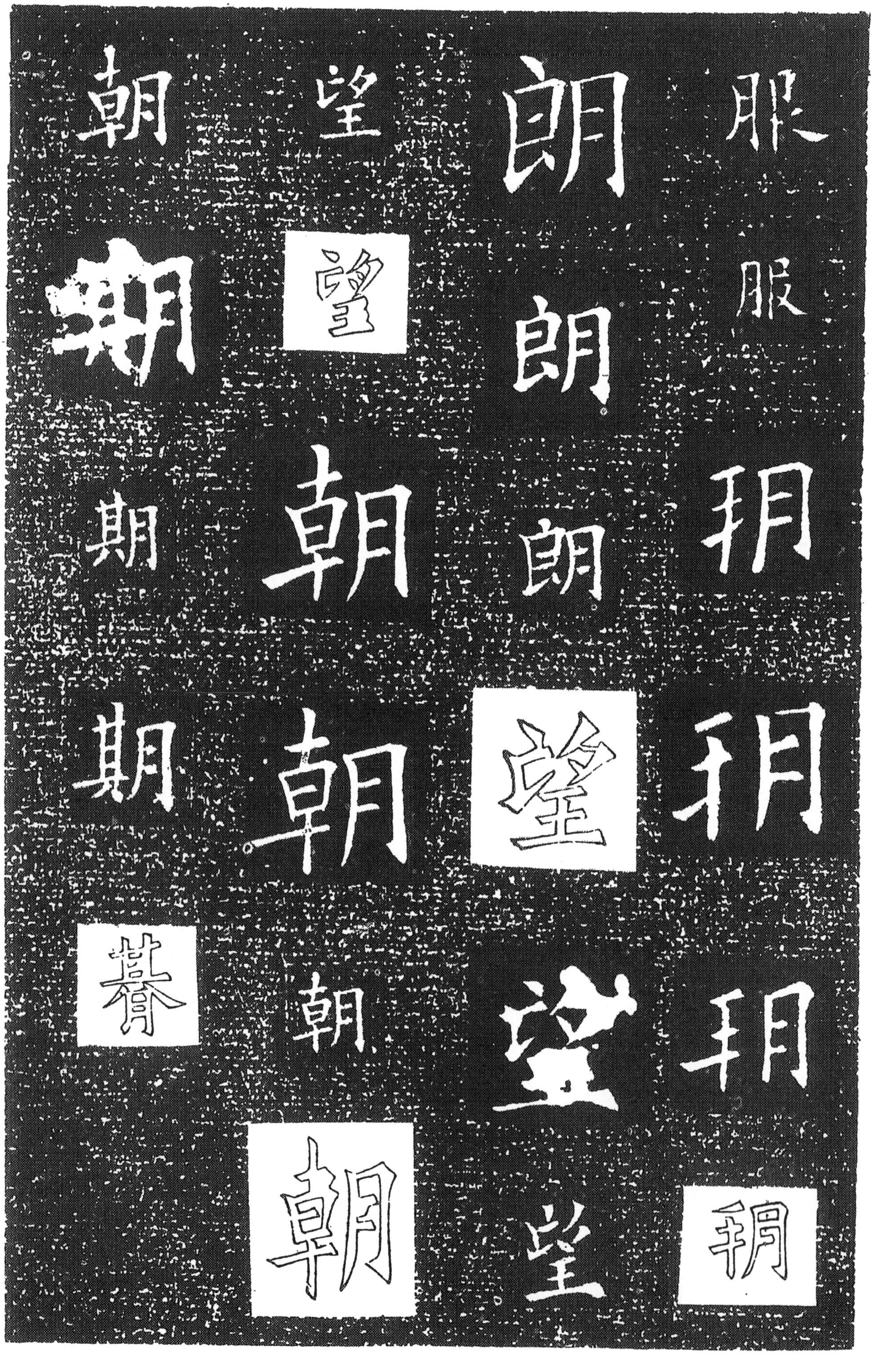

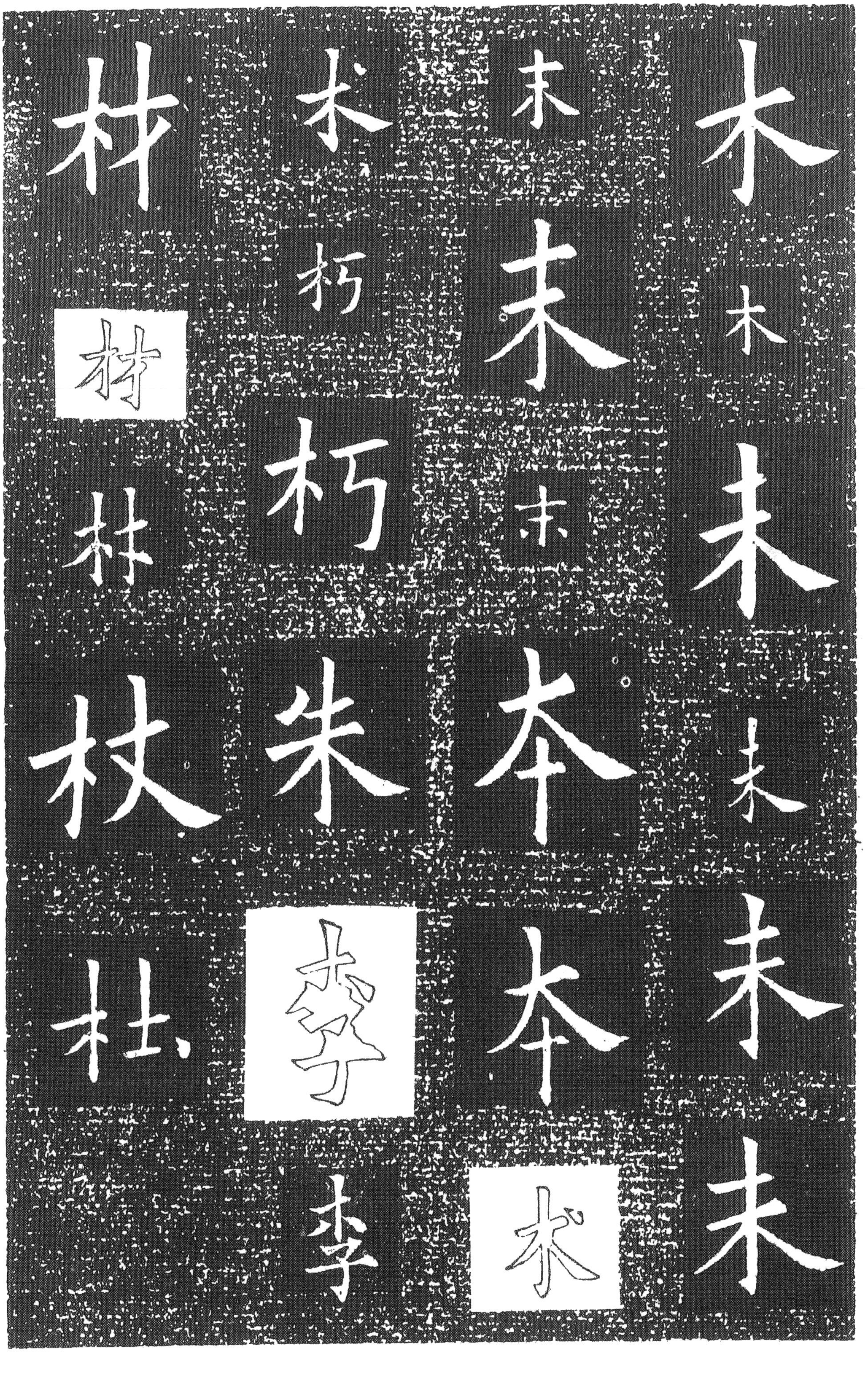
木
木
未
未
未
未
末
末
末
本
本
术
术
朽
朽
朱
李
李
材
材
杖
杜

東
杯
東
東
東
東
杳
杳
杷
松
松
杜
柳
析
杼
枕
林
林
林
果
枝
架
枹
柩

根　柱　柔　柚

根　梓　柄　柄

根　柰　柄

桂　校　柱　柄

桂　栟　柱　柏

桃　楝　桂　柔

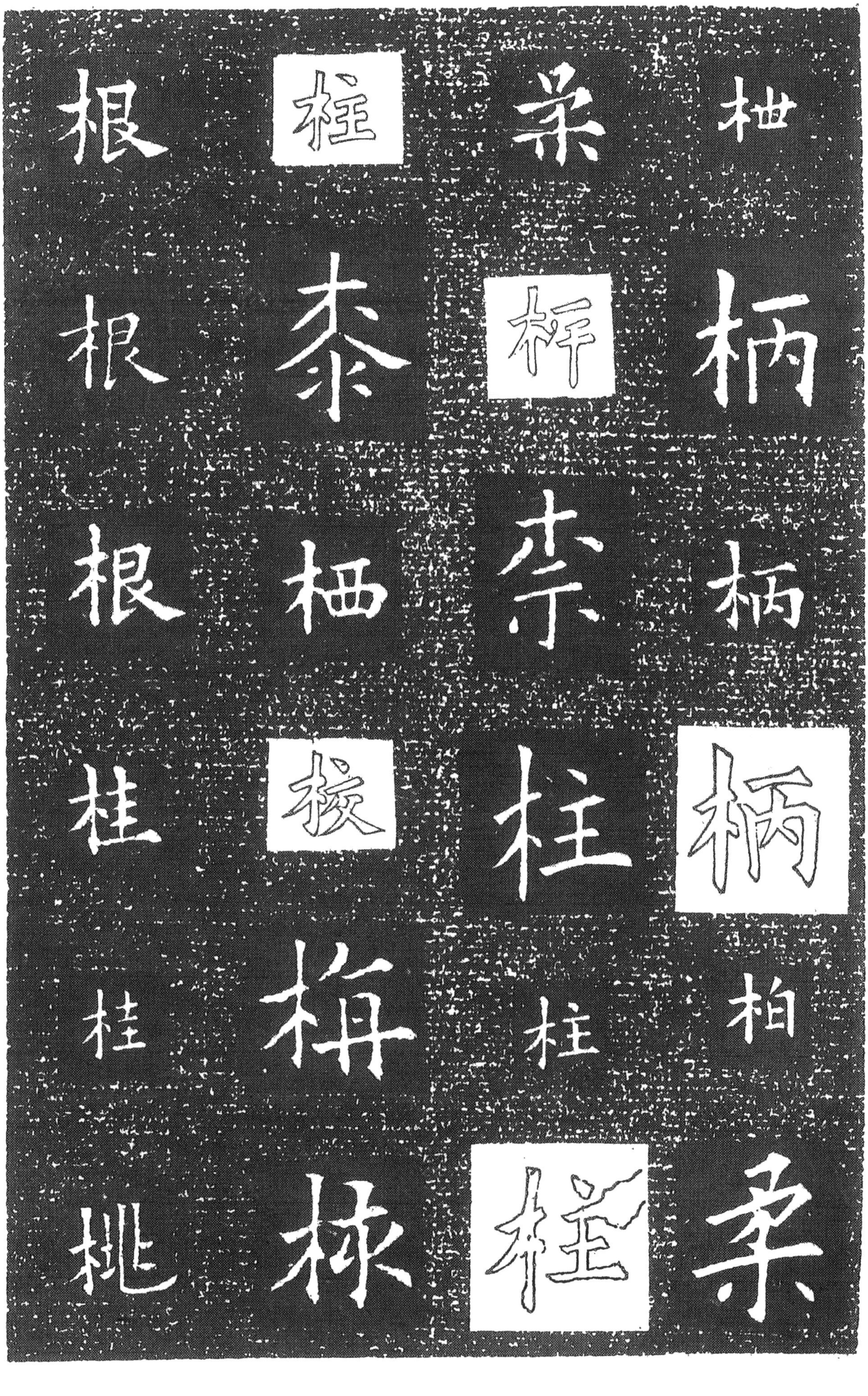

棘　梓　桓　枲

　　條　　　桐

棟　　　　　桐

　棟　梵　梁　桑

棟　梵　　枎　桓

　棟　弉　桯　桓

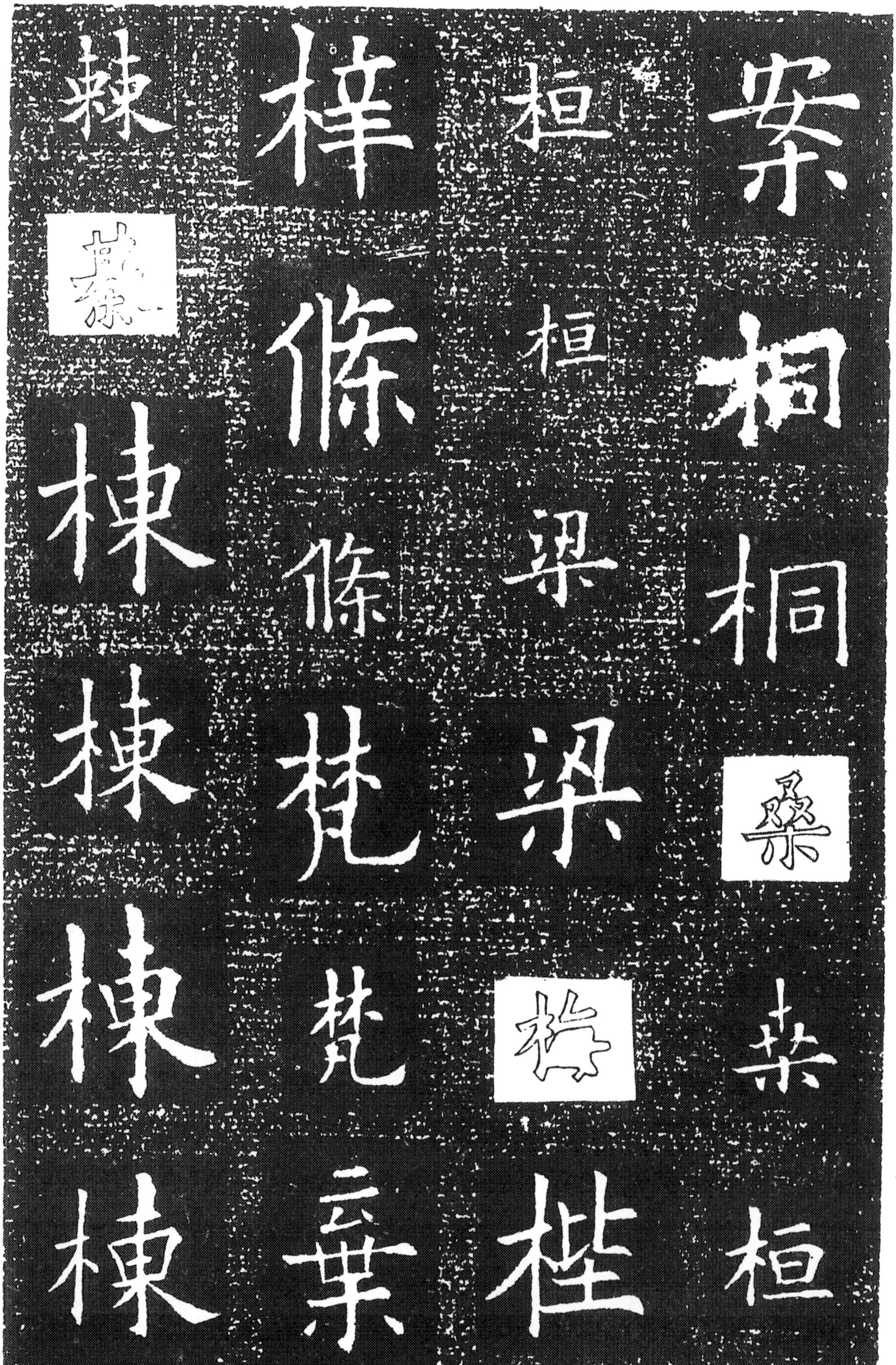

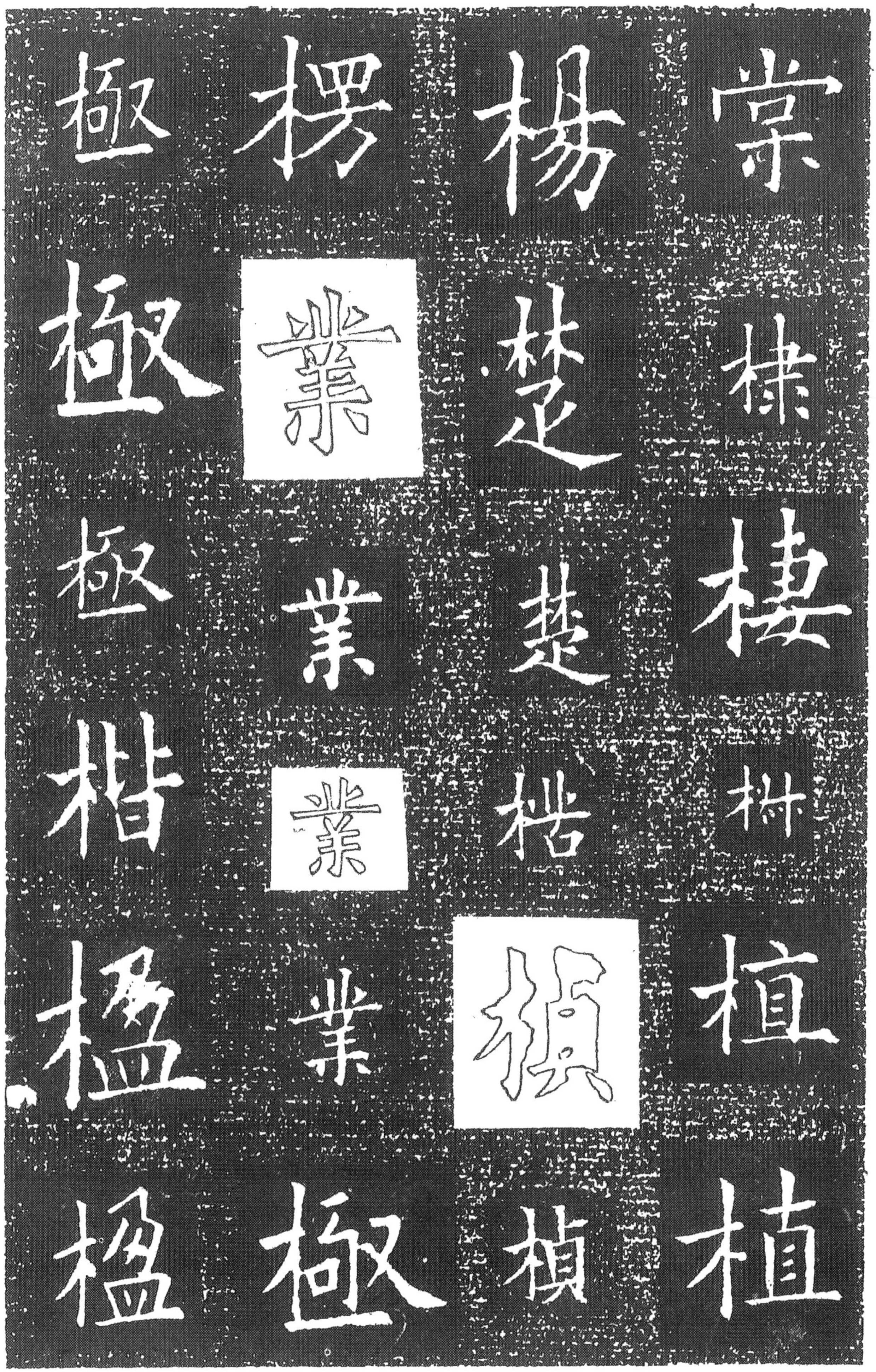

榛
榦
樹
榮
榮
榮
構
樂
樂
樂
樓
標
標
標
樞
樞
樵
樵

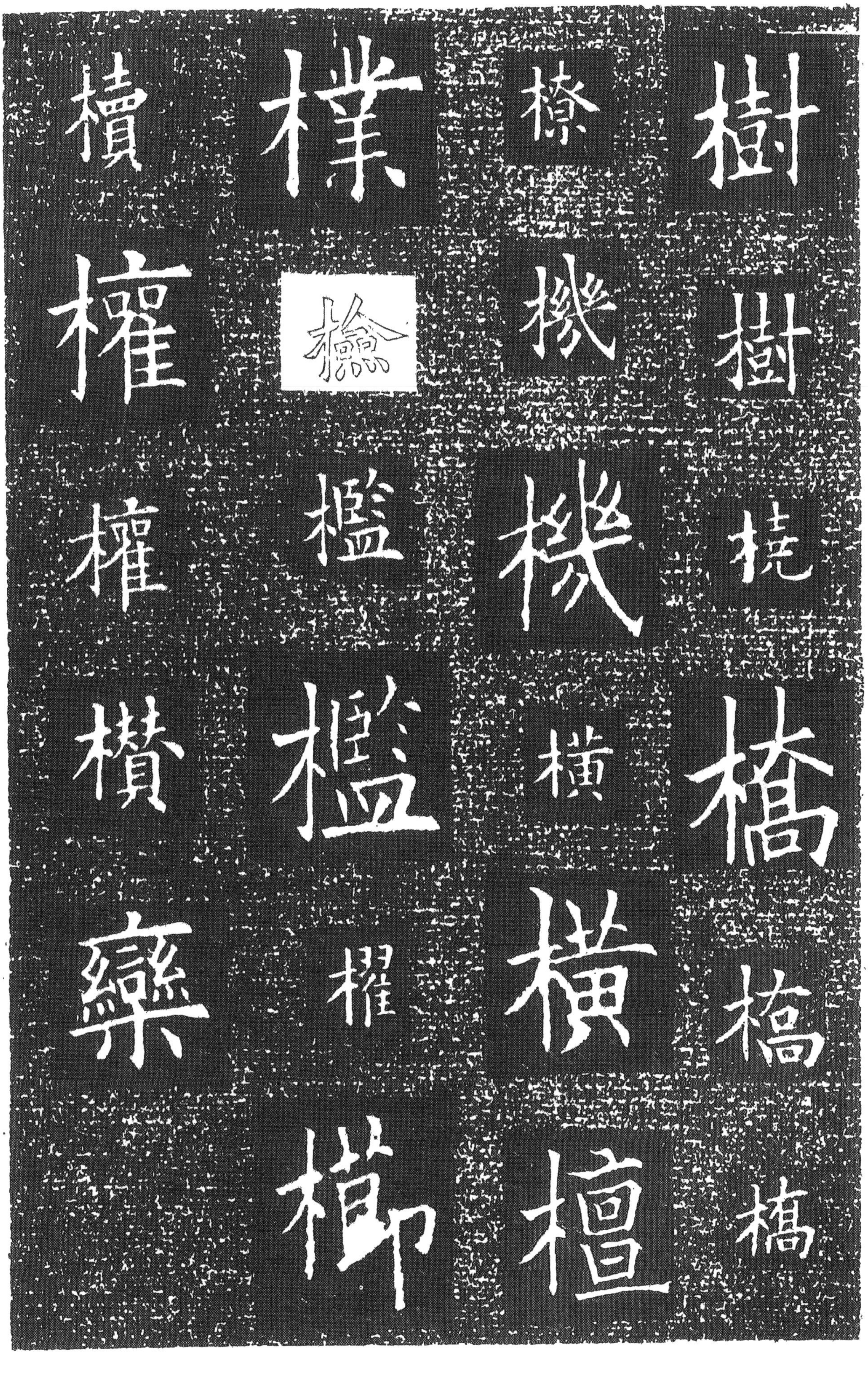
樹
樹
橋
橋
橋
橑
機
機
横
横
檀
樸
檢
檻
檻
櫂
權
權
欑
藥

次 次 次 欣 欣 欲
欲 欲 欸 欽 款 歌
歌 歌 歐 歐 歐 歎
止 止 止 正 正 正

正
此
此
此
步
步
步
步
武
武
武
武
武
歲
歲
歲
歲
歷
歷
歷
歸
歸
歸

死
死
歿
歿
殄
殄

殆
殆
殉
殊
殊
残

殞
殤
殫
殲
殲

段
段
段
段
段
殿

毒　母　毀　殺

毒　　母　　毀　　叚

毒　　毋　　毀　　殿

毓　　毐　　毀　　殿

　　　毎　　毀

　　　毎

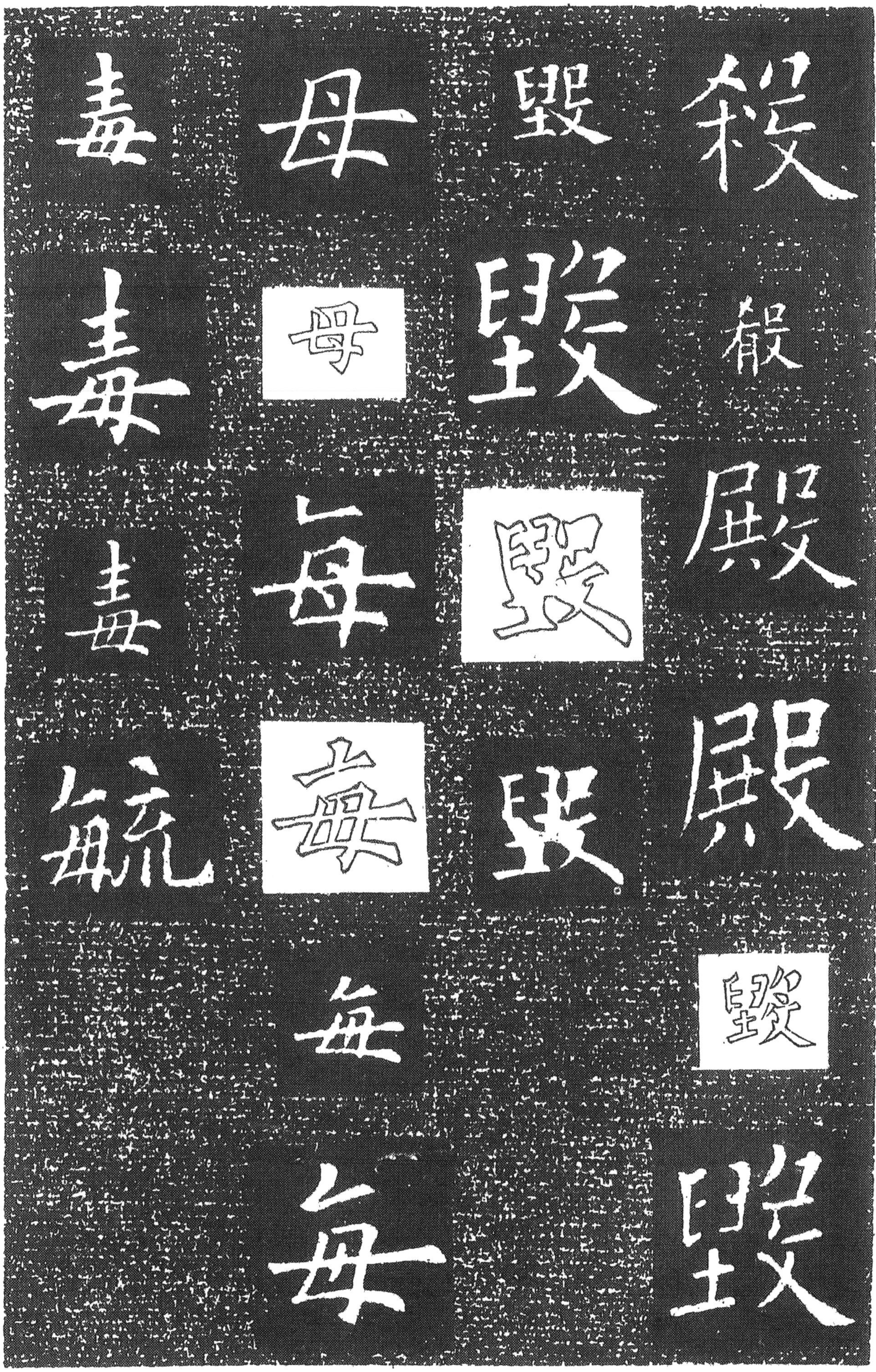

比 比 比 毗 毗
毛 毛 毛 毛
氏 氏 氏 氏 民 民
氣 氣 氣 氣 氣

水
水
水
水
水
永
永
永
氾
求
求
求
江
池
池
池
池
汭
汭
汾
沅
沉
沉
沉

沐
浸
浸
沖
沙
沙
沛
沛
沛
沭
沮
沱
河
河
河
泼
沼
治
況
况
泉
泉
泉
泖

法
法
法
法
法
波
波
波
波
泣
泣
涅
注
注
泰
泰
泰
洎
洏
洗
洗
洗
洛
洛

洛 洞 洞 洞 津 津
津 洪 洲 洲 洽 洽
流 流 流 流 流 流
流 海 海 海 海 浸

淋　漾　消　湞
　　函　　涅
淋　溪　沙

淒　涌
　　涼　涅
淚　　消
　淨
　　涼　涅
淨　滑

　涼　淨　消

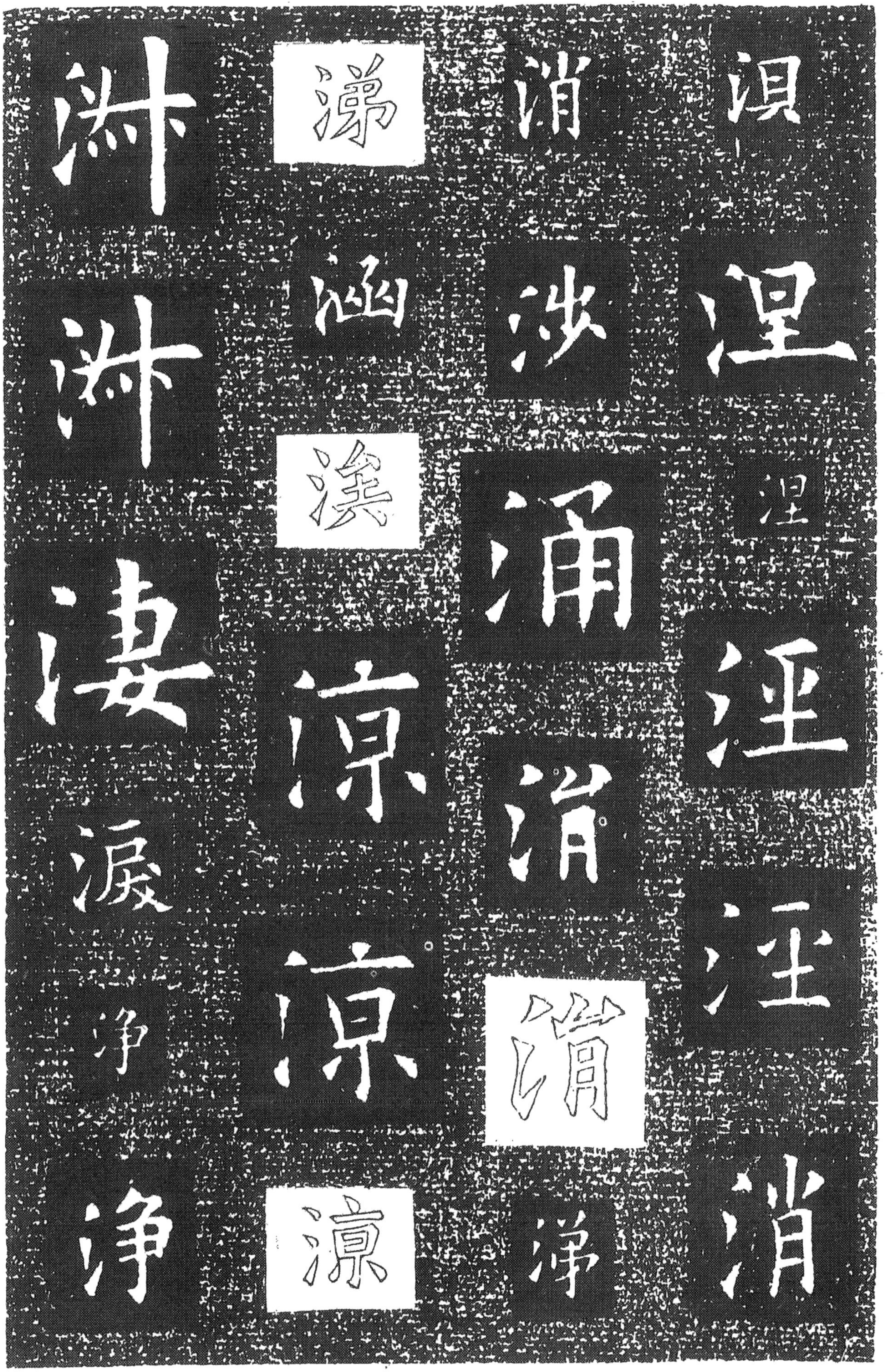

清　淳　淮　埈

清　淳　深　淩

清　淵　深　淪

　　　深　淪

淺　混　清　准

淺　　深　淮

減　清

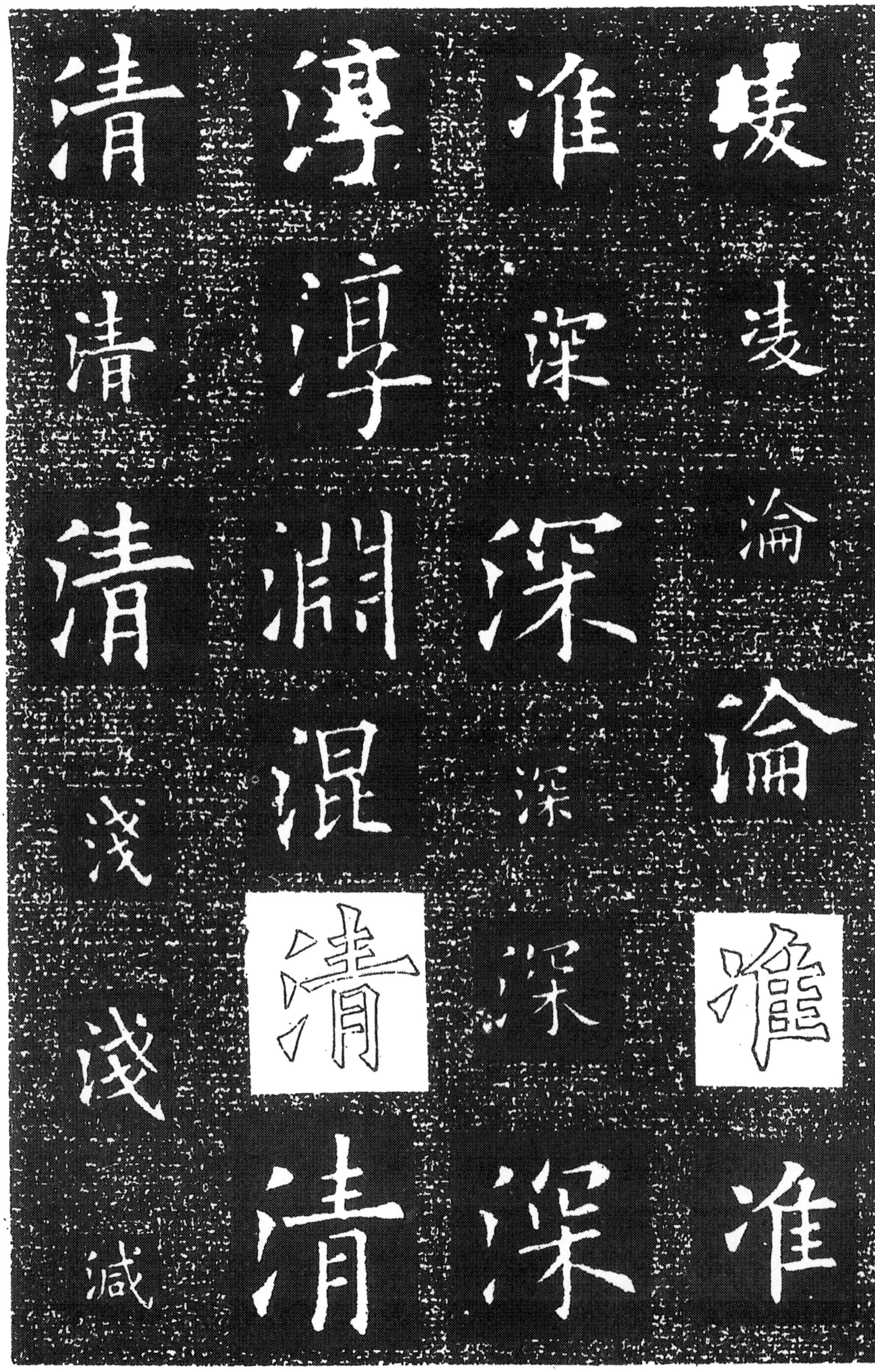

渚
渚
渠
渠
渤
渤
温
温
溫
渭
渭
測
測
游
湍
渾
湊
湘
湛
湯
湯
湲
湲
源

源源源溘溘溢
溪溪溺溺滅滅
滅滅滌滑滓滔
滔滯滯滴滿滿

滿
滿
漂
漆
漏
漣
漢
漢
漢
漢
漢
漱
漸
漿
漿
潔
潔
潛
潛
潛
澗
潤

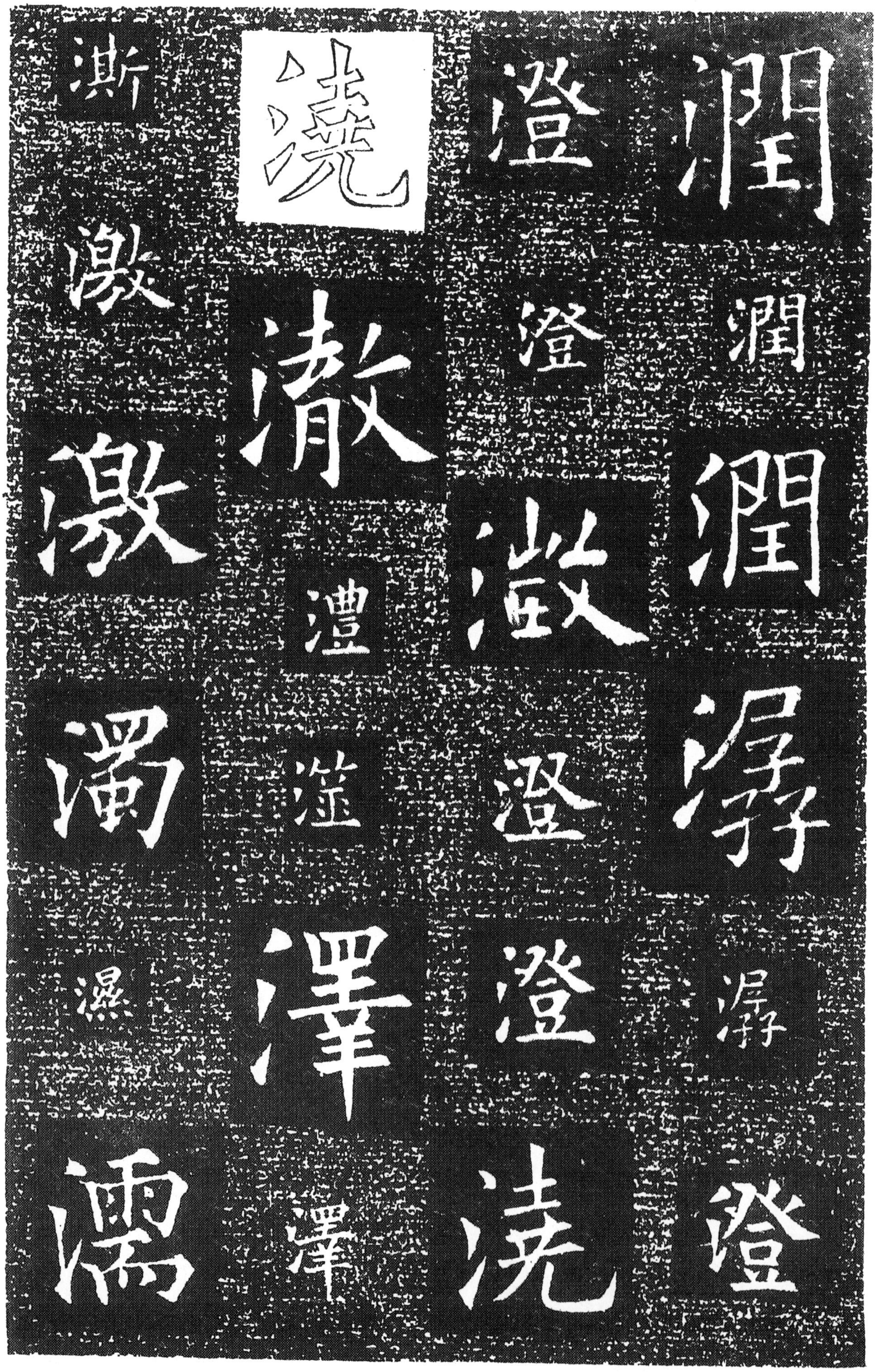
潤
潤
潤
澄
澄
澄
澂
澄
澄
澆
澈
澧
澤
澤
澌
激
激
濁
濕
濡

火　瀚　灈　濟

火　濾　濫　濟

火　　　濼　濟

灼　瀨　濯　濟

灾　瀾　濱　巑

灾　　　瀚　濤

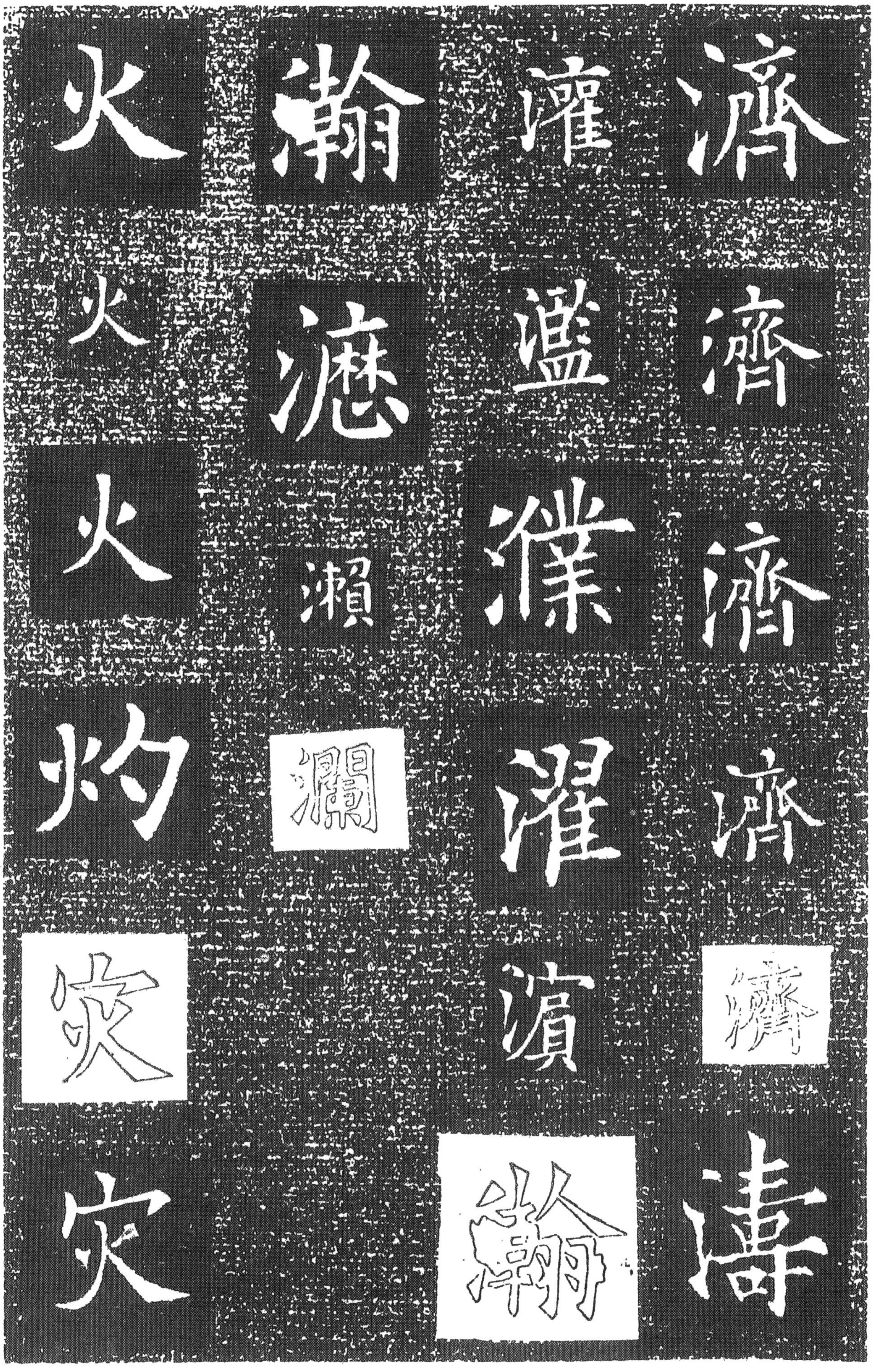

炎
炎
炎
炙
炳
烈
烈
烏
烏
烹
烽
焉
焉
焉
焉
焉
焚
無
無
無
無
焱
然
然

煽 煩 煙 然

營 煩 煥 燃

營 煬 照 然

營 燈 照 熱

燭 燕 照 煌

爛 燕 照 煒

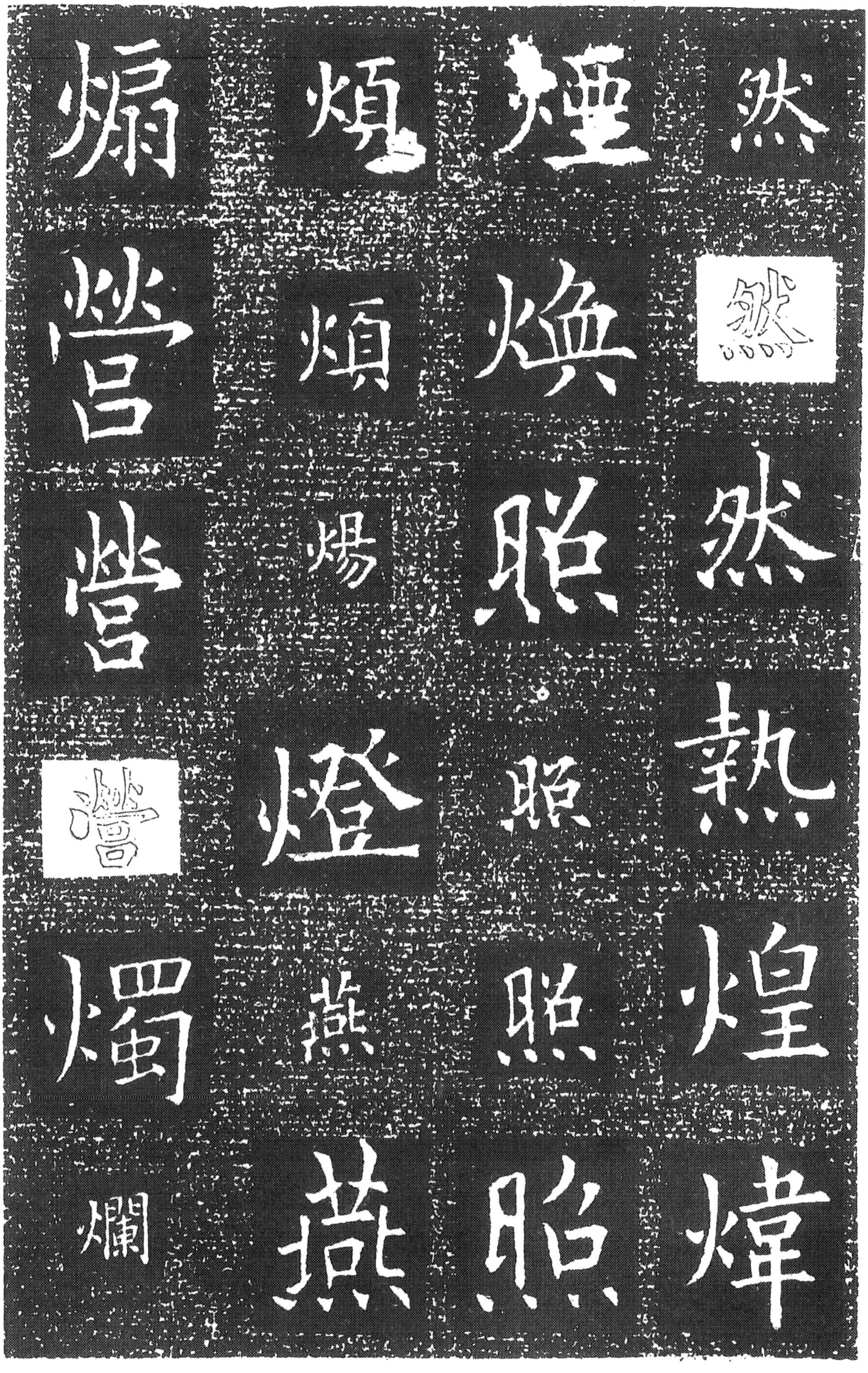

爪　爪

父　爲　爰

爾　父　爲　爰

尔　父　爵　爰

尔　父　爵　爰

爾　父　爵　爲

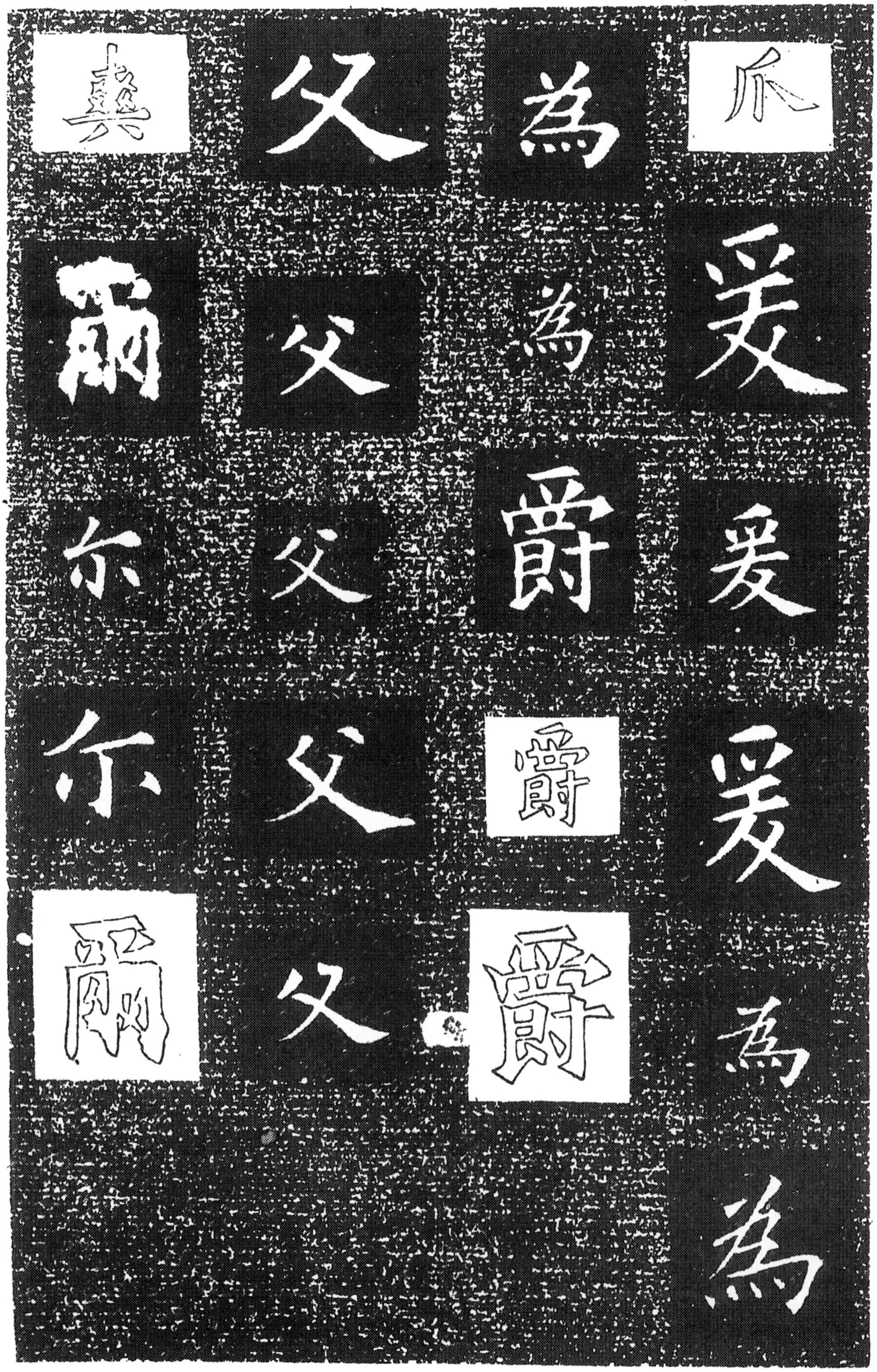

牀
墻
墙
墻
片
牋
牒
牒
牒
牙
牙
牛
牢
牧
牧
牧
物

物
物
物
物
特
特

特
犀
犨
犢

犹
狼
猗
猛
猛
猨

猨
猨
猶
猶
猶
猶

猷
猷
猷
猷
獄
獨
獨
獨
獲
獸
獸
獻
獻
獻
玄
玄
玄
玄
玄
茲

茲
茲
率
率
率
玉
玉
玉
王
王
王
环
玦
玩
玷
珉
珎
珊
珠
珠
珠
珠
珠

珥
珥
珪
班
班
班
珮
琁
琅
理
理
理
琛
琰
琬
琬
琳
琱
琴
瑕
瑜
瑞
瑞
瑞

瑟 瑟 斑 瑤 瑣 瑣

瑩 瑱 璆 璣 璧 璧

璧 璧 環 環 環 璽

璽 瓊 瓊 瓌 瓌

瓶
甄
甘
甘
甚
甚
甚
甚
生
生
生
生
生
生
產
產
産

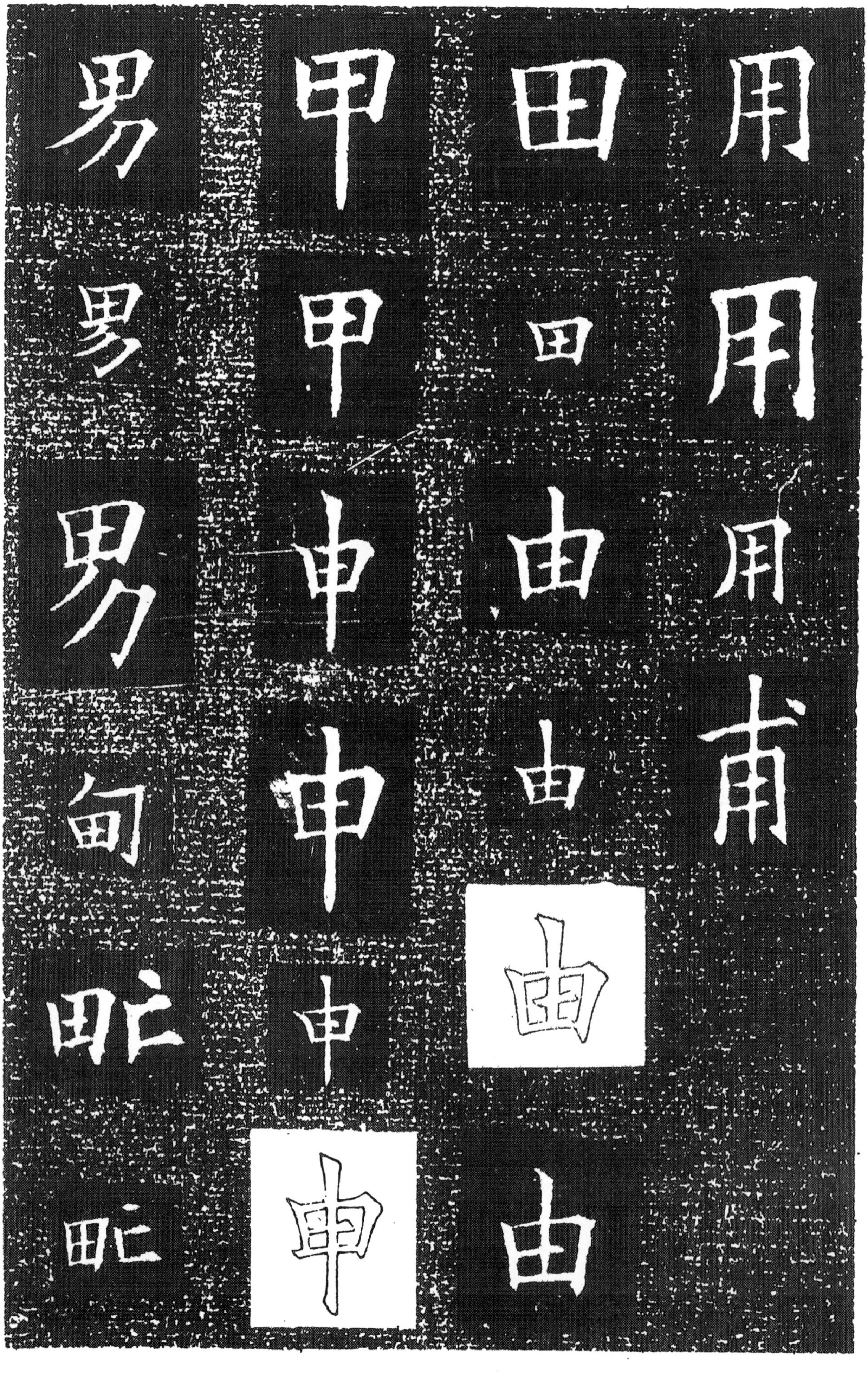
用
用
用
甫
田
田
由
由
由
由
甲
甲
申
申
申
申
男
男
男
甸
甿
甿

界
界
畏
畝
畢
畢
畢
略
略
略
畫
異
異
異
異
異
留
留
留
留
當
當
當
當

疆　疎　疑　疲

疇　疎　疑　疾

疇　疎　疑　疾

疇　疋　疑　疾

疊　疏　　　疾

疊　疏　　　疢

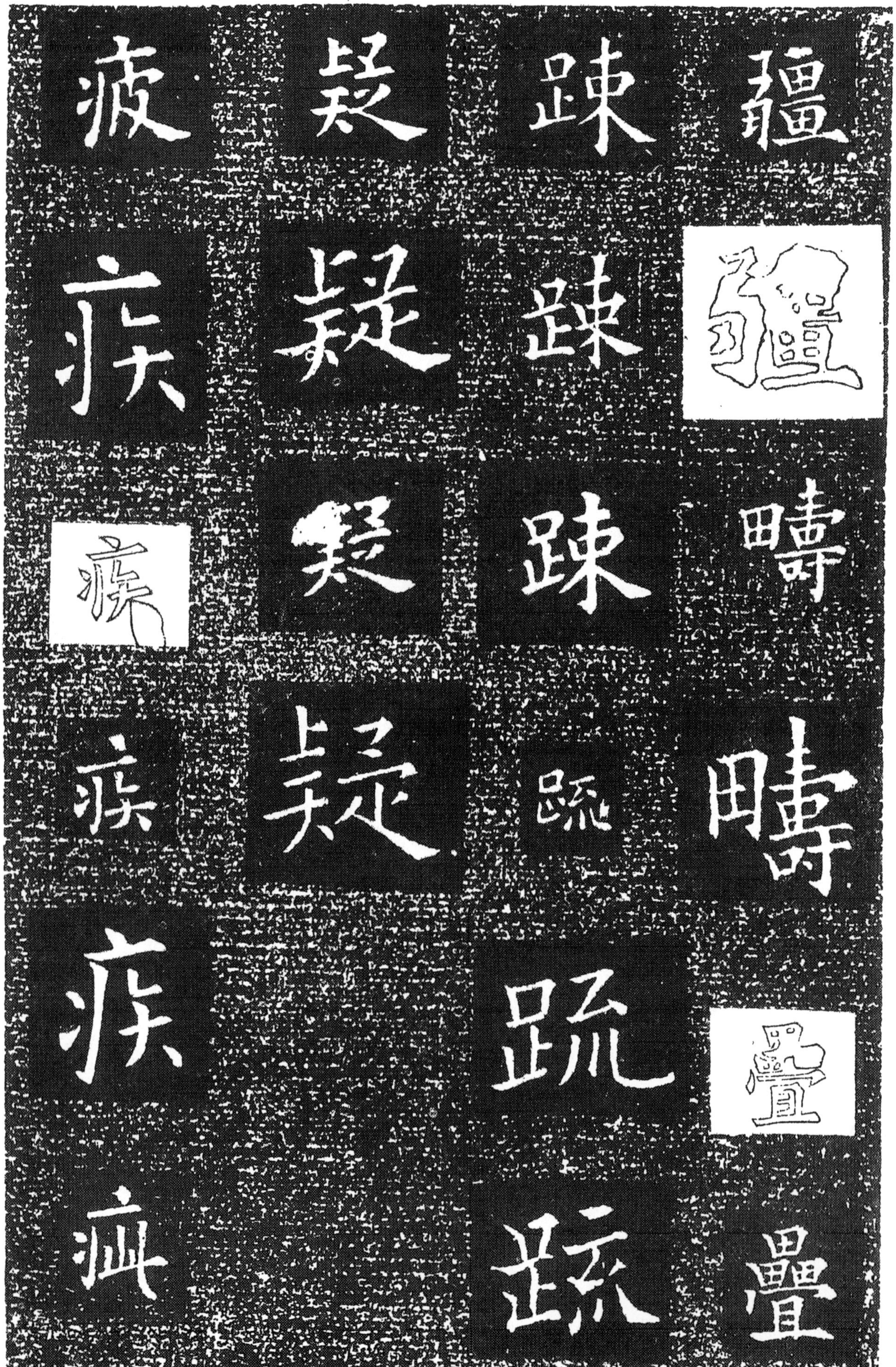

病痛痛痼瘞瘨

癸癸登登登發

發發發

白白百百百百

百
百
貞
的
的
的
皇
皇
皇
皇
皇
皎
皆
皆
皆
皐
臯
盈
盈
益
益
益
盡

盛
盛
盛
盛
盛
盛
盜
盟
盡
盡
盡
監
監
監
盤
盧
盧
目
目
直
直
直
直

相相相相省省

眇眇真真真真

眠眷睠眺眾眾

眾眾睥睢瞀瞀

睿
睦
瞰
瞻
瞻
瞻

矜

矢
矢
矣
矣
矣
矣

知
知
知
知
矩
矩

矩 短 矯 矯 矯

石 石 石 石 石 砌

砥 破 破 研 研 碁

碑 碑 碑 碣 碣 碧

示　礎　磨　碧

社　　　磨　碩

　礪

社　礫　磨　頎

社　　

社　確　磏

社　硋　磴

礤　磐

祀

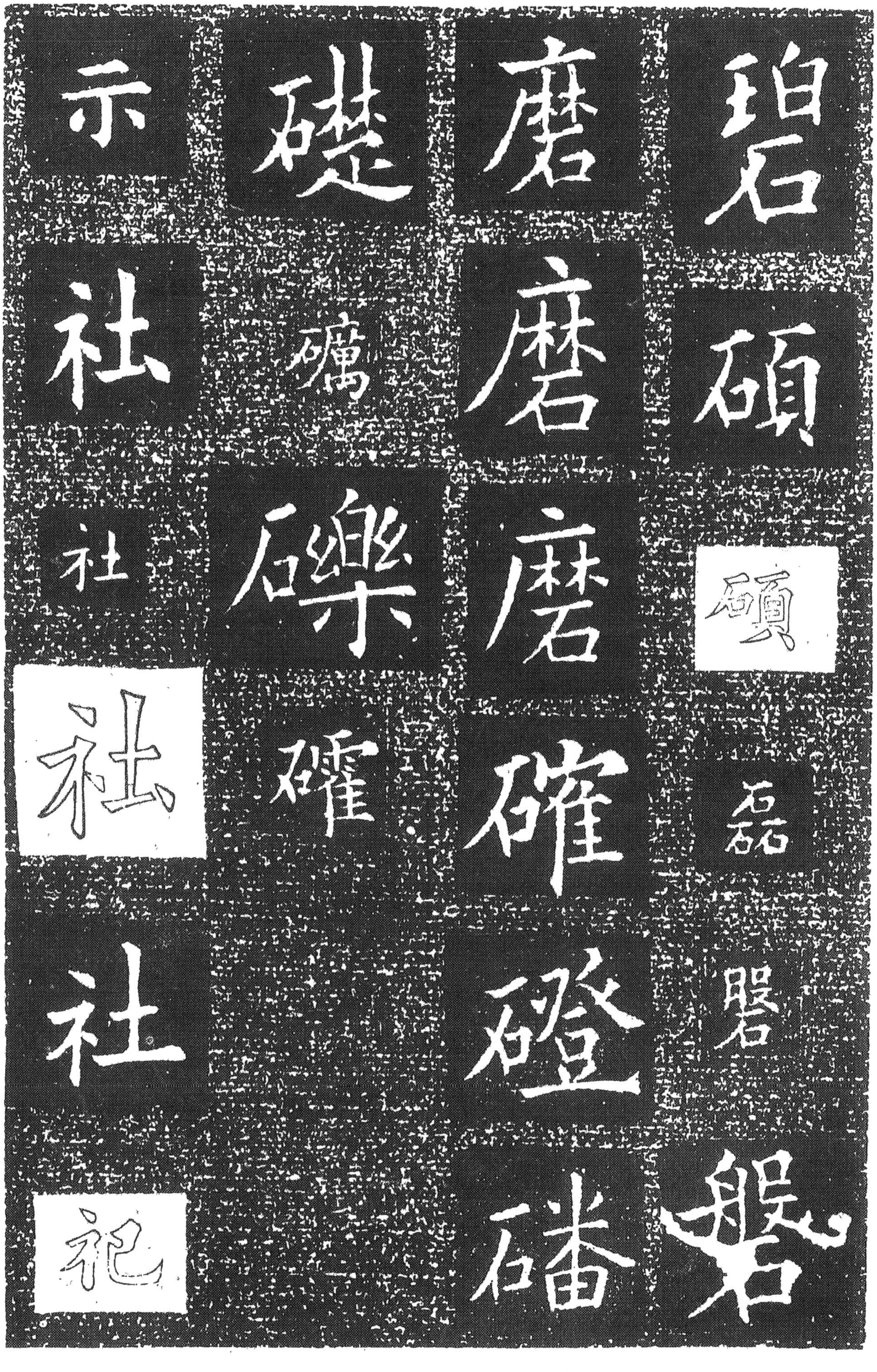

祀	祉	秘	祖
祁	祉	秘	祖
祇	祉	秘	祖
祖	祑	秘	祖
祈	祐	祖	祚
祉	秘	祖	神

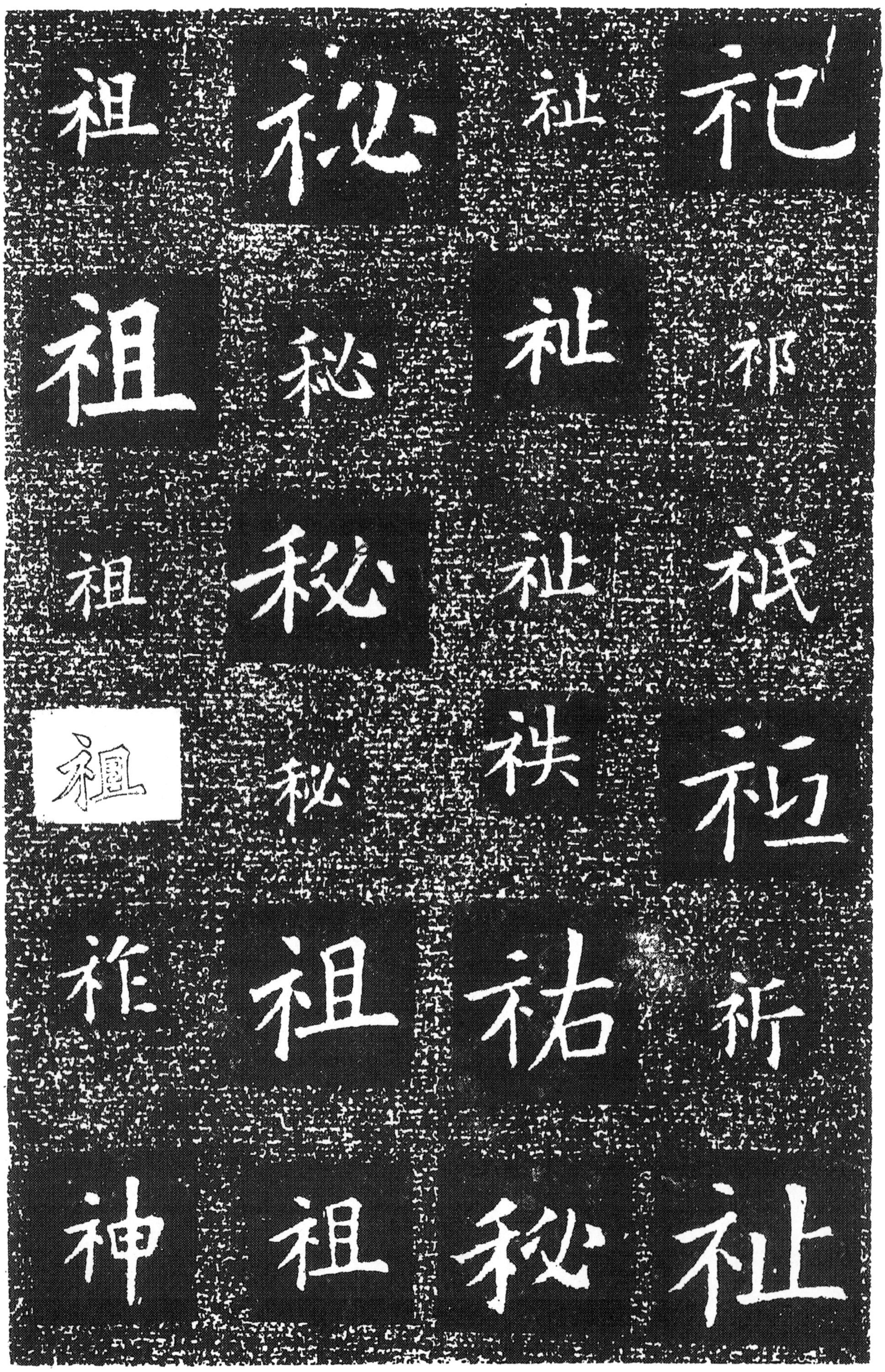

示部

卷二

禪禪禮禮礼禮

禮礼禮禮禮

禹禹禹禽禽

秀秀秀秀秀私

秉
秋
秋
秋
科
科
秦
秦
移
移
移
移
移
稅
稅
稟
稟
稟
稟
稟
稠
種
穪

穴　究　穷　空　空　空

積　穩　稷　稷　稷　稷

穩　積　積　積　積

稱　稱　稷　稽　稽　稽　稽

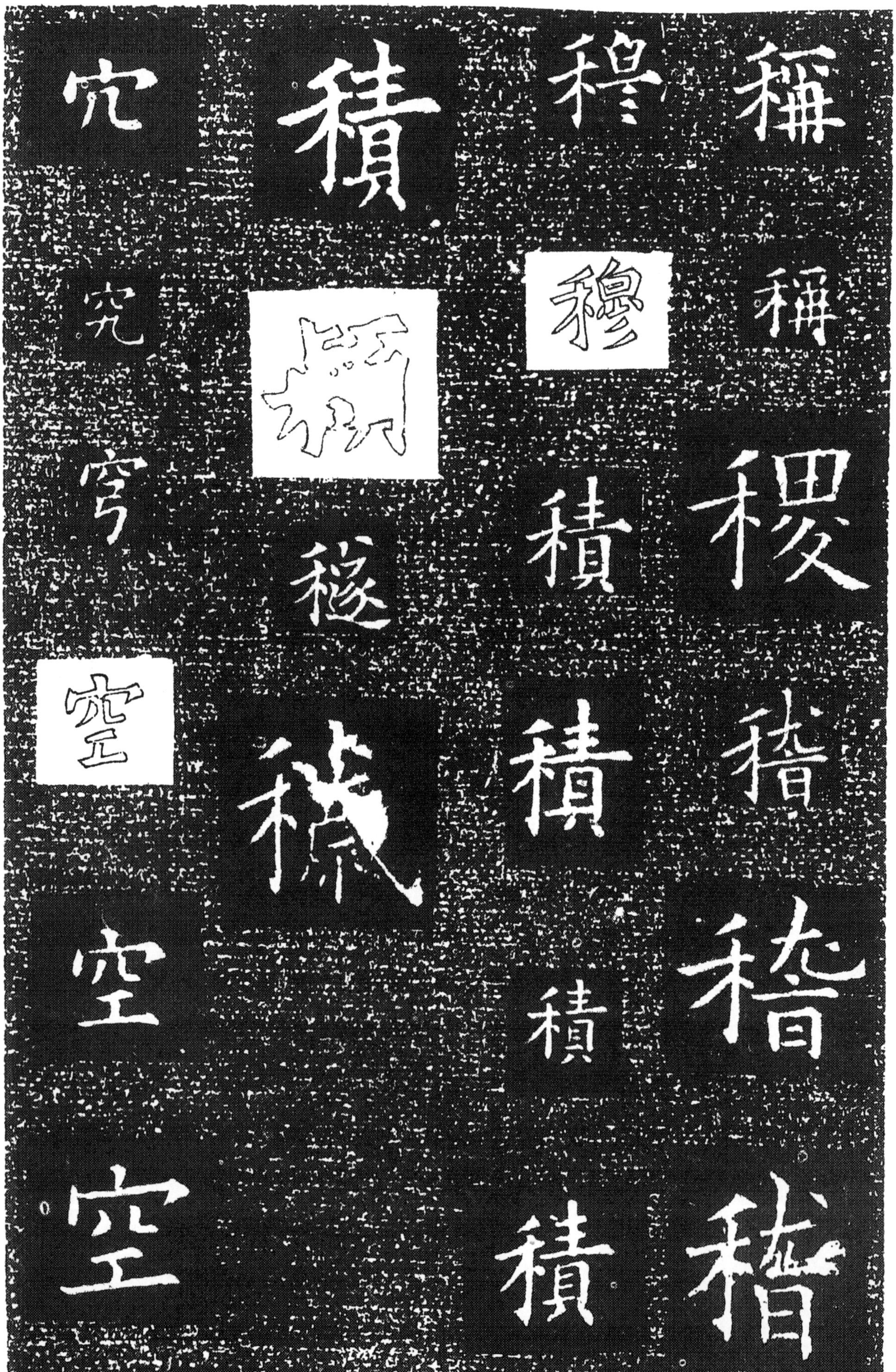

穴部　立部

並
並
竝
並
竟
竟
章
章
章
竦
竦
竭
竭
端
端
競
競
竹
竹
笠
竿
笄
笏

笏

笏

荷

笛

笙

笑

簜

榮

筍

笱

荅

榮

策

符

箓

筆

箄

等

等

等

荼

慈

榮

榮

策

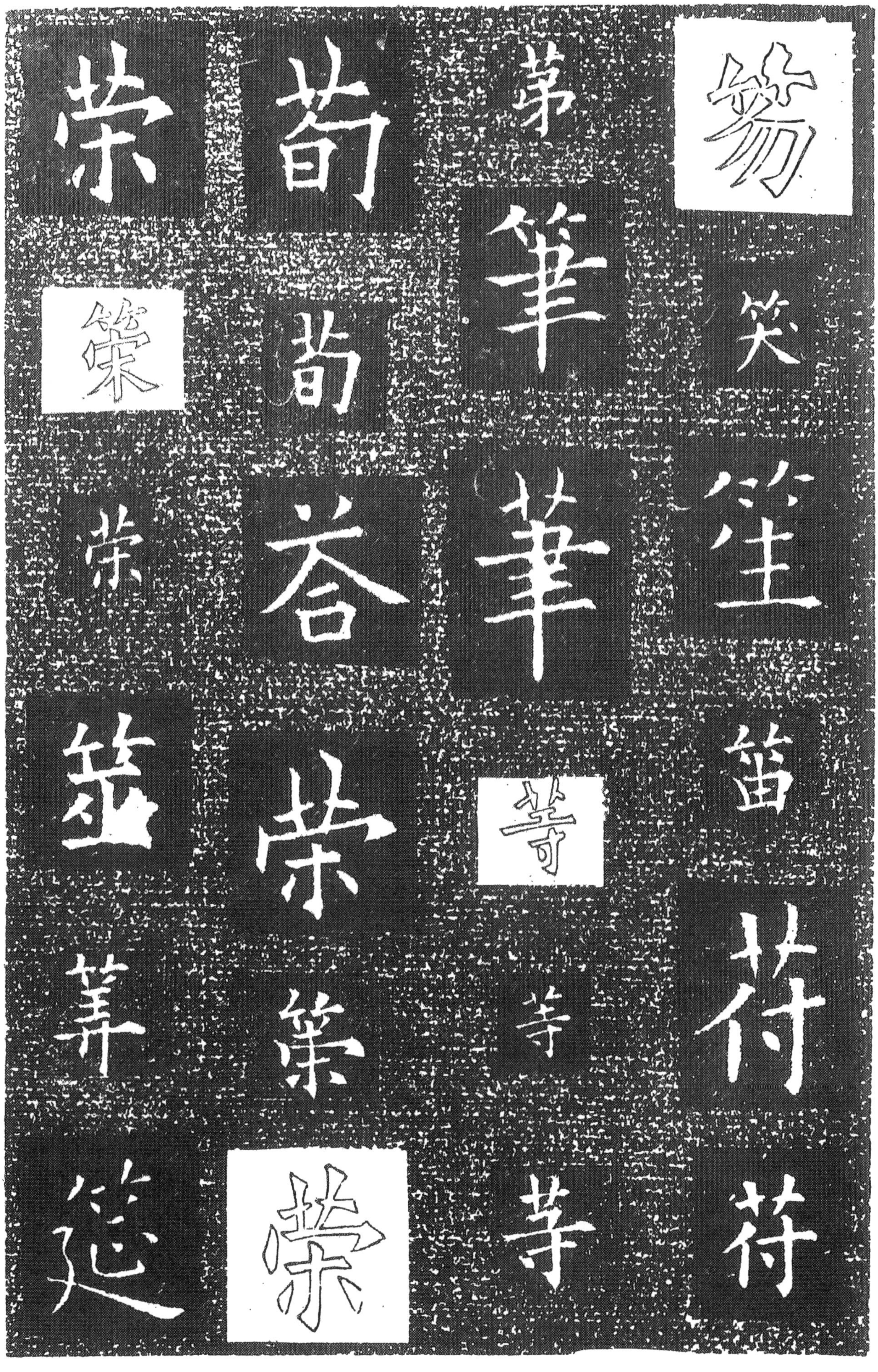

莛 箕 管
節 箾 管
箱 管
節 箋
節 筐 節
節 管
範 範
篆 範 範
蔦
築 篋

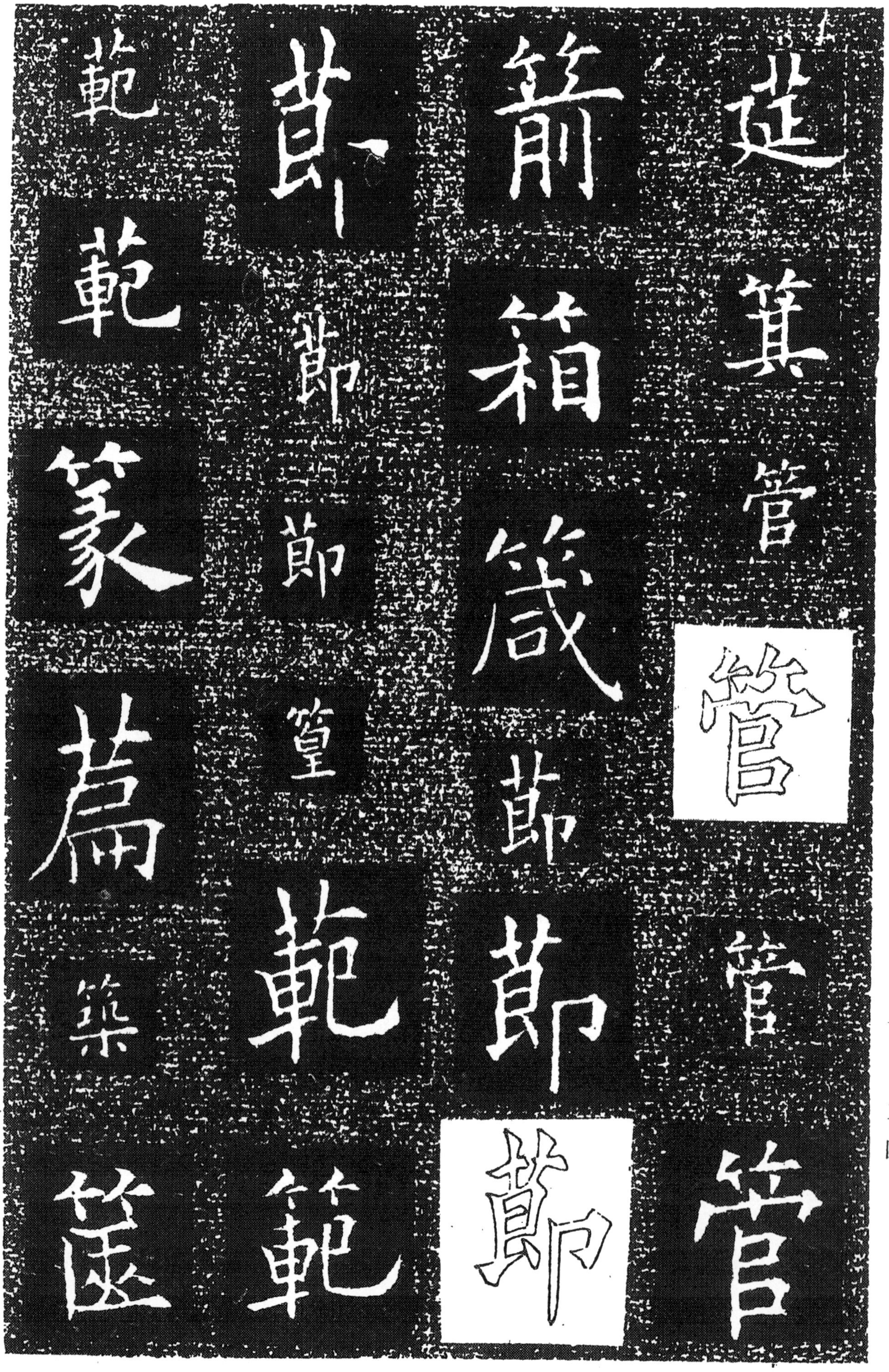

篤
簡
簡
蕳
籃
藍

籥
籍
籍
籕
籠

米
米
粉
粒
粕
粟

粟
粟
粤
粵
粹
粹

精
精
精
精
精
録

糞
糟
糟
糠
糧
糧

歐法字彙卷三

系
系
糺
糺
糺
紀

紀
約
約
約
紆
紈

納
紐
純
紙
紛
素

素
素
紡
索
紫
紫
紫
累
累
累
累
細
細
紱
紳
紳
紳
紳
紹
終
終
終
終
絃

組
結
結
結
結
結
絕
絕
絕
絕
絕
絜
絢
給
給
給
給
給
絳
絳
綃
綃
綏

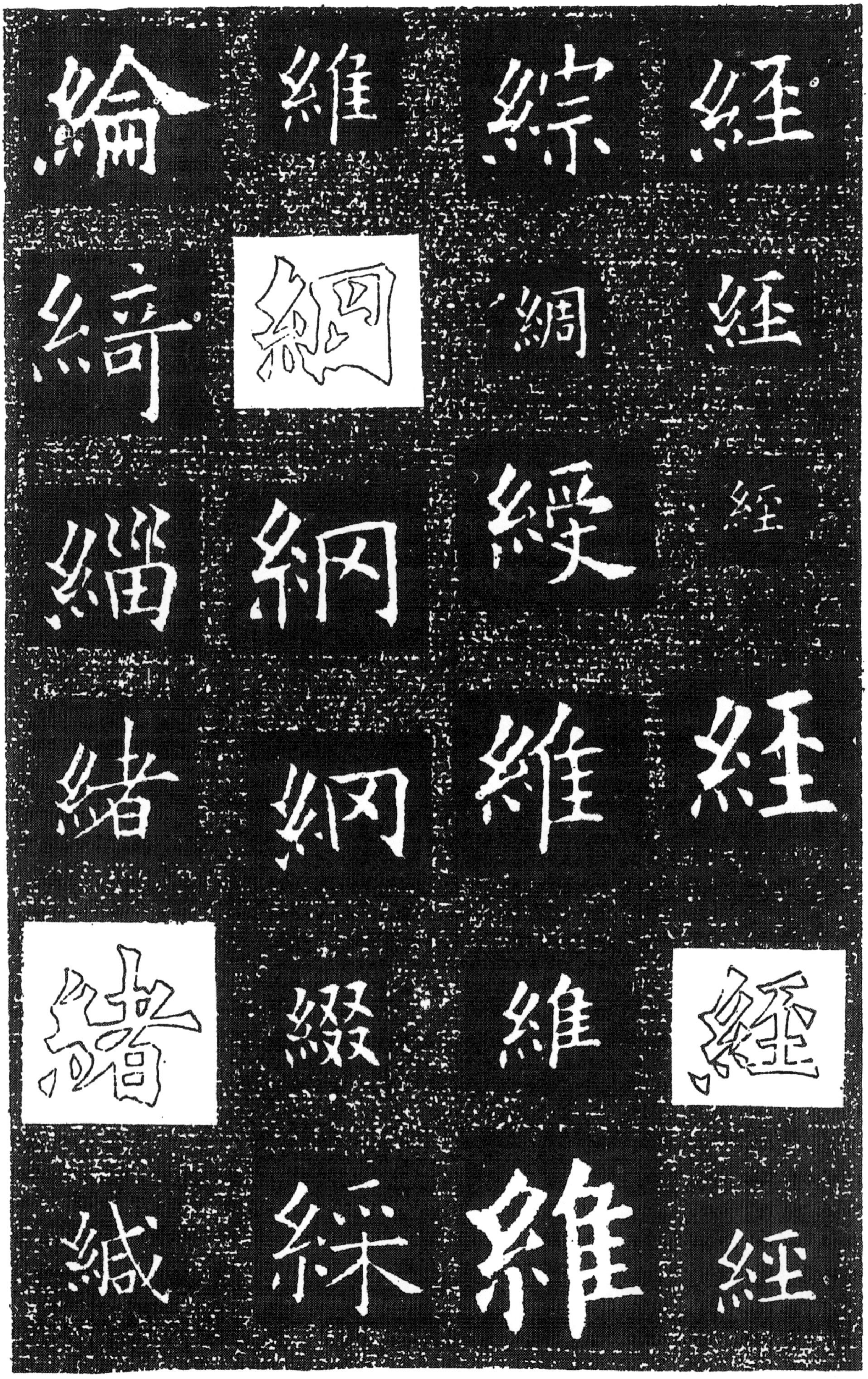

縣　緯　編　縣

縣　緯　綬　綿

縣　練　綏　絹

縱　紫　緬　緣

縱　縟　緯　緣

縱　縣　緯　編

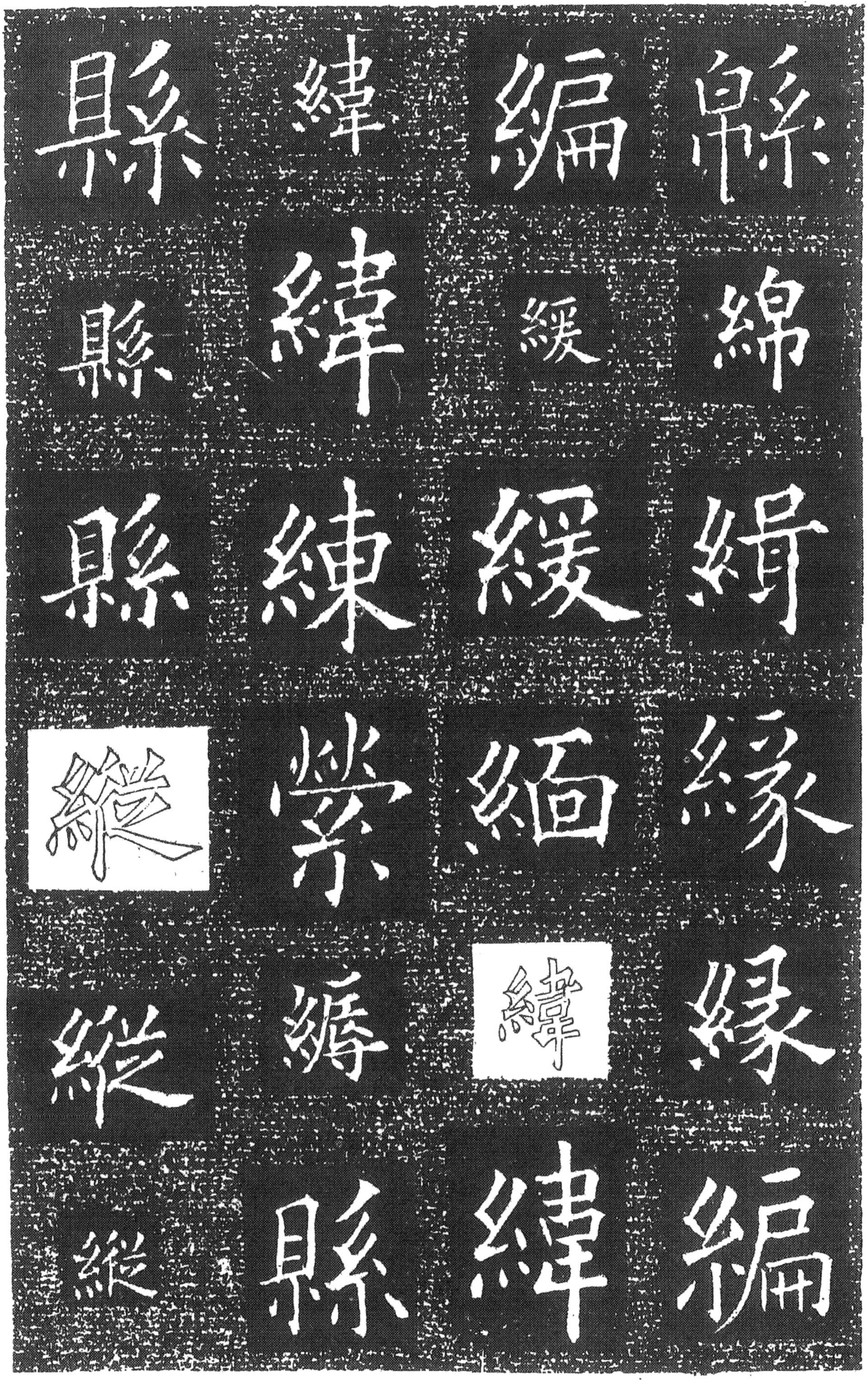

繩　繚　績　縷

繫　繞　繁　靡

　　繡　　　摠

繼　繡　　　總

　　綢　繁　摠

績　繩　　　績

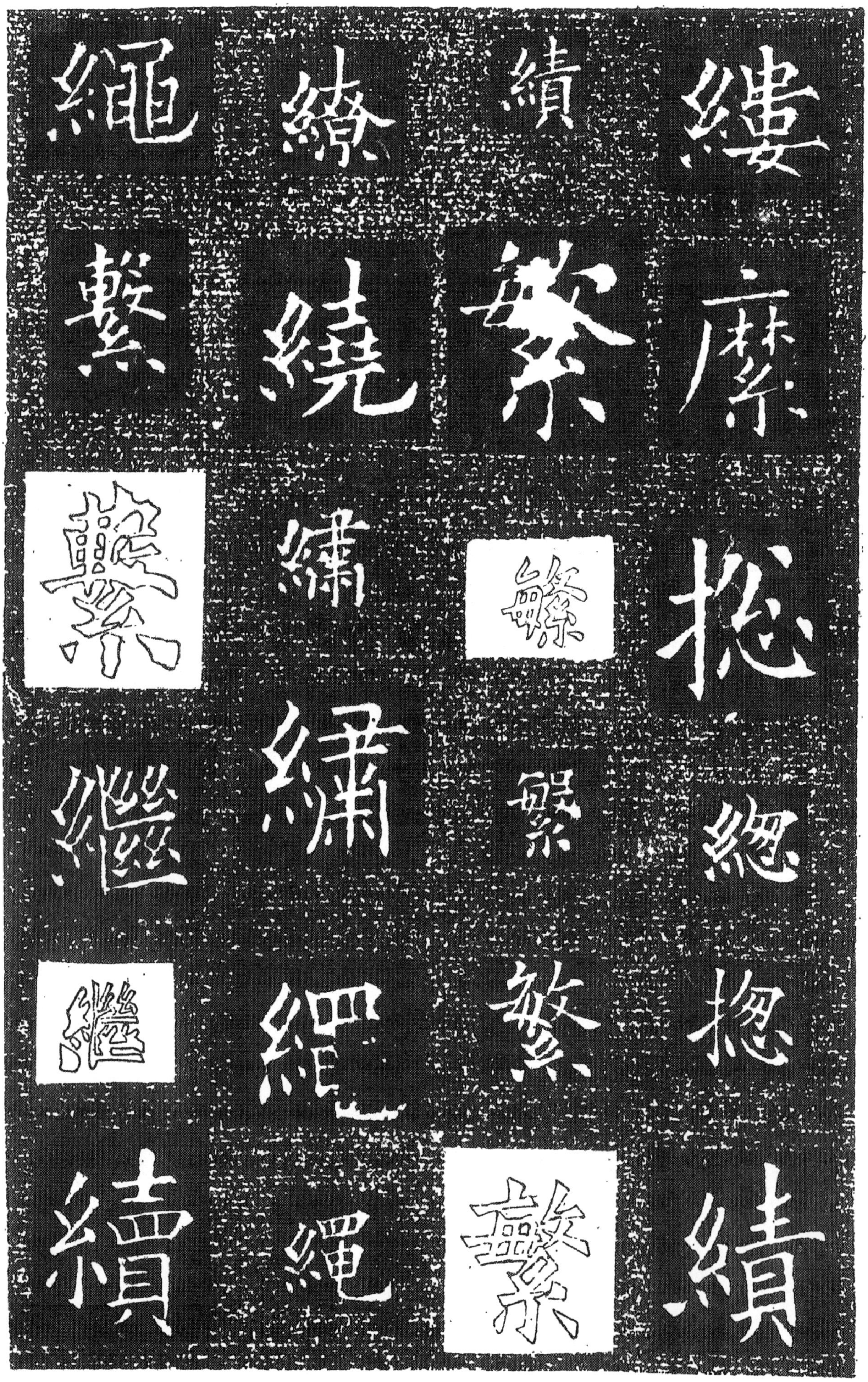

纕 纓 纔 纔

罔 冈 罘 罜 罩 置

罪 罪 罸 罷 罷 罹

罾 羅 羅 羅 羅 羅

羊
羌
羌
羌
美
美
美
美
羔
羣
群
群
群
義
義
義
義
羽
羽
羽
羽
翅
翁

習
習
翔
翠
翠
翠
翦
翩
翫
翰
翰
翳
翺
翻
翼
翼
老
老
老
考
考
者

者 者 者 者 者

而 而 而 而 耐

耕 耕 耤

耳 耳 耽 聆 聊 聖

聖
聖
聖
聖
聚
聚
聞
聞
聞
聞
聞
聯
聰
聰
聲
聲
聲
聲
聲
職
職
職
聽

胤　冑　肌　肅

能　背　眉　肅

能　胙　肯　肆

　　胡　育　肇

能　胡　　　肇

髌　朏　冑　肇

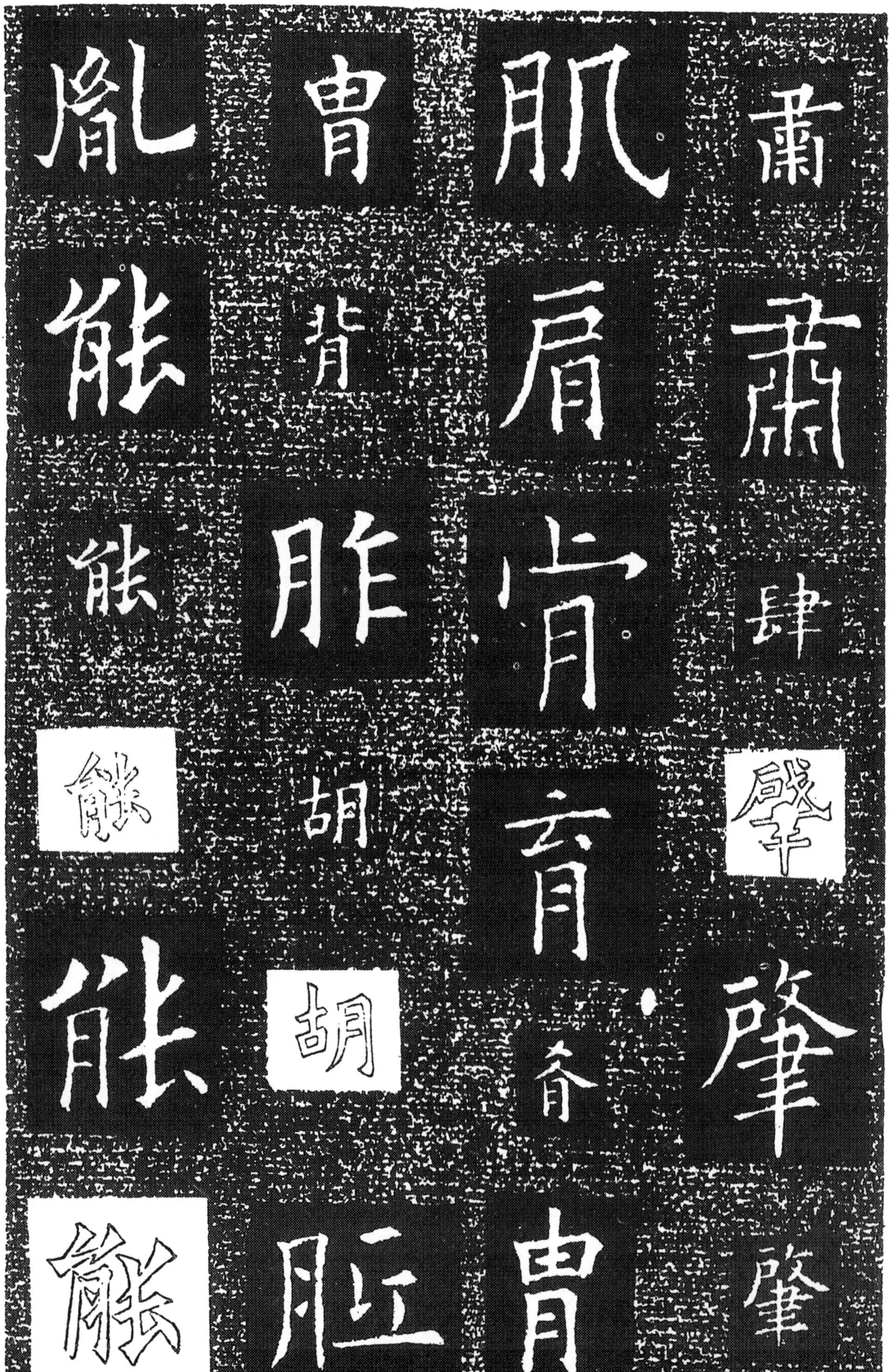

臘　胝

膚　胦　脩

臞　膠　膆　脩

　　膠　腸　脩

臞　膳　賢　脫

　　膳　𦟼　胼

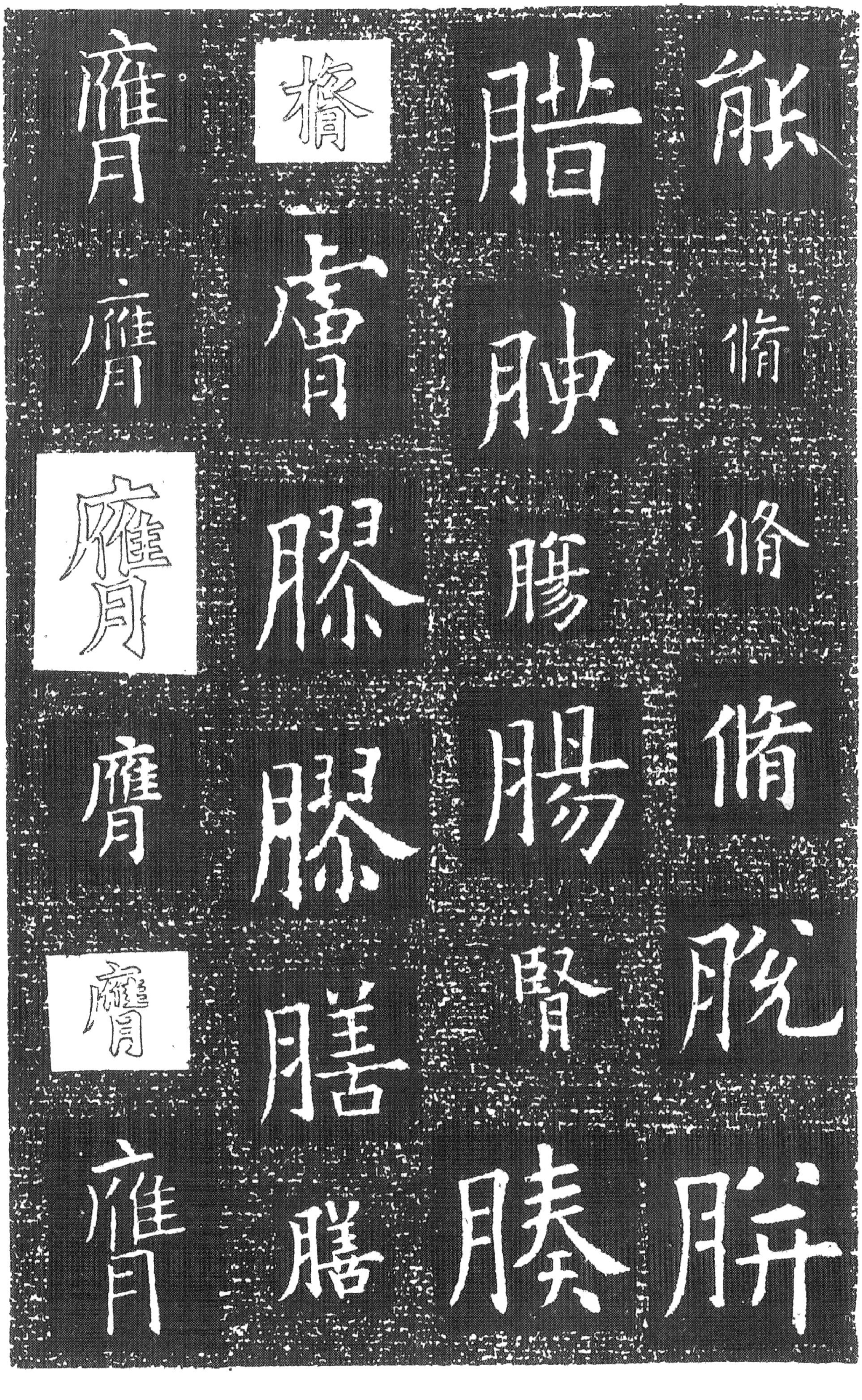

膽 臘 臚
臣 臣 臣 臣 臣 臧
臨 臨 臨 臨
自 自 自 自 自 臭

至
至
至
至
致
致

致
臺
臺
臺
臻

與
与
與
與
興
興

興
興
舉
舉
舉
舊

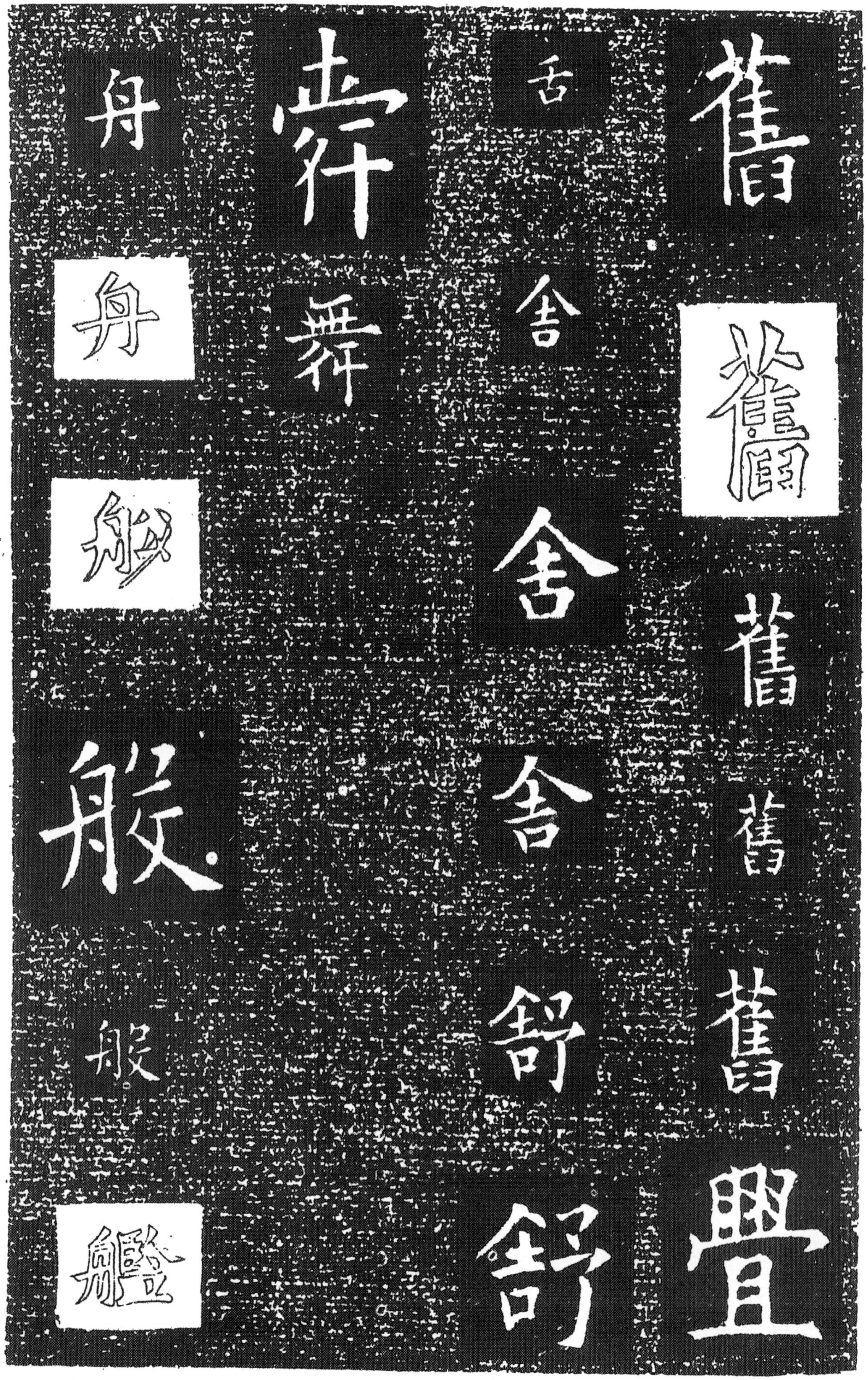
舊
舊
舊
舊
舊
舌
舍
舍
舍
舒
舒
舟
舟
般
般
般

良
良
良
艱
艱

色
色
色
色
色

艾
艾
芒
芥
芬
花

花
芳
芳
芳
芷
芭

若
若
若
若
若
若
茨
苦
苦
英
英
英
苾
茂
范
茅
茅
茅
茘
苟
苟
茹
茹
荆

荆 荆 荆 草 草 荐

荒 荒 荒 荷 荷 荼

莊 莊 莒 莒 莫 莫

莫 莫 莫 莽 菀 菁

茶
菩
華
華
華
華
菲
萃
萃
萬
萬
萬
萼
落
落
落
葉
葉
着
着
著
著
葛
葛

蒸

蒼

蒜

蓋

蓋

蒙

蒙

蒲

蒲

蒲

葺

葺

葺

遂

蒙

蒸

葳

葵

葬

葬

葵

葺

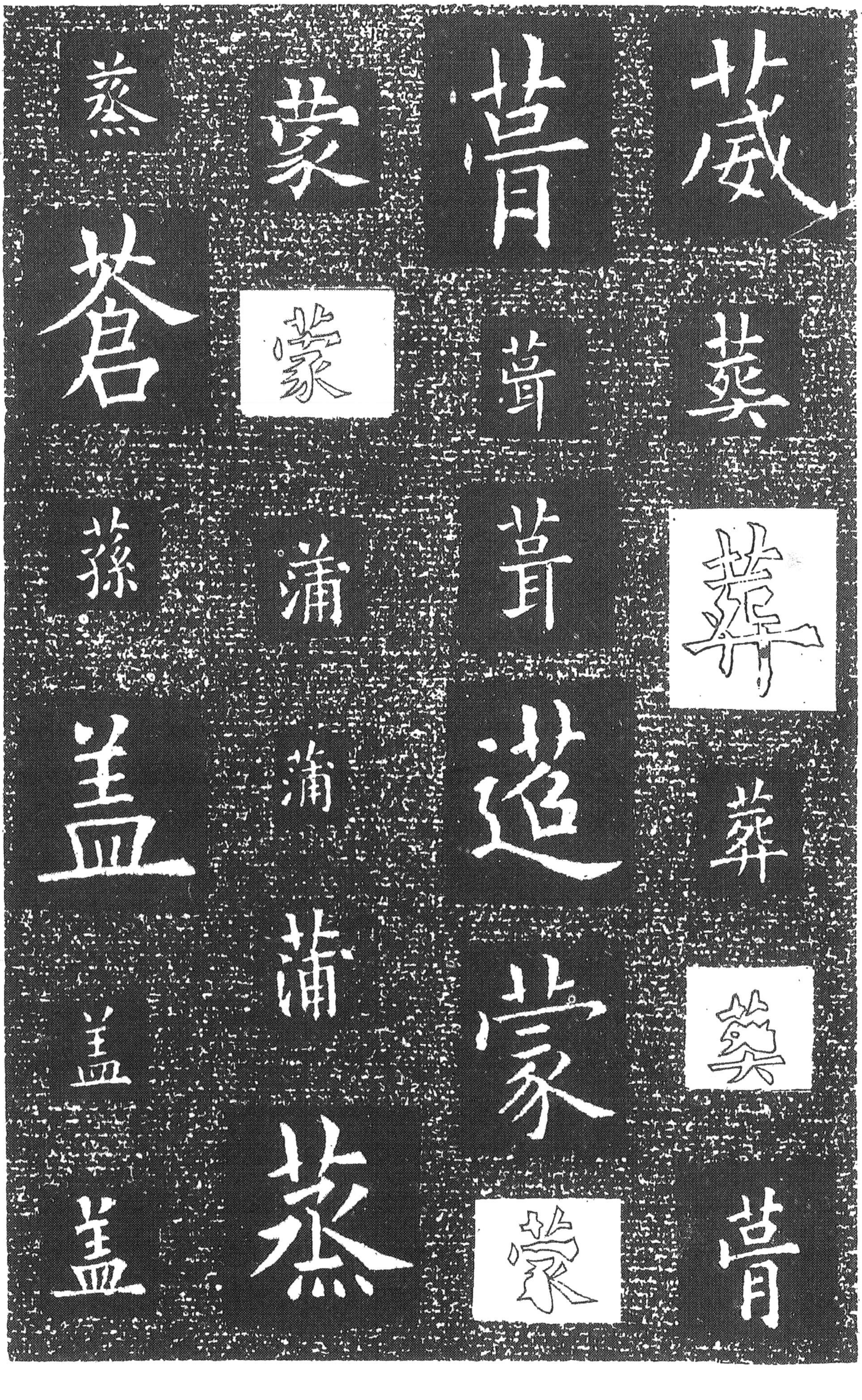

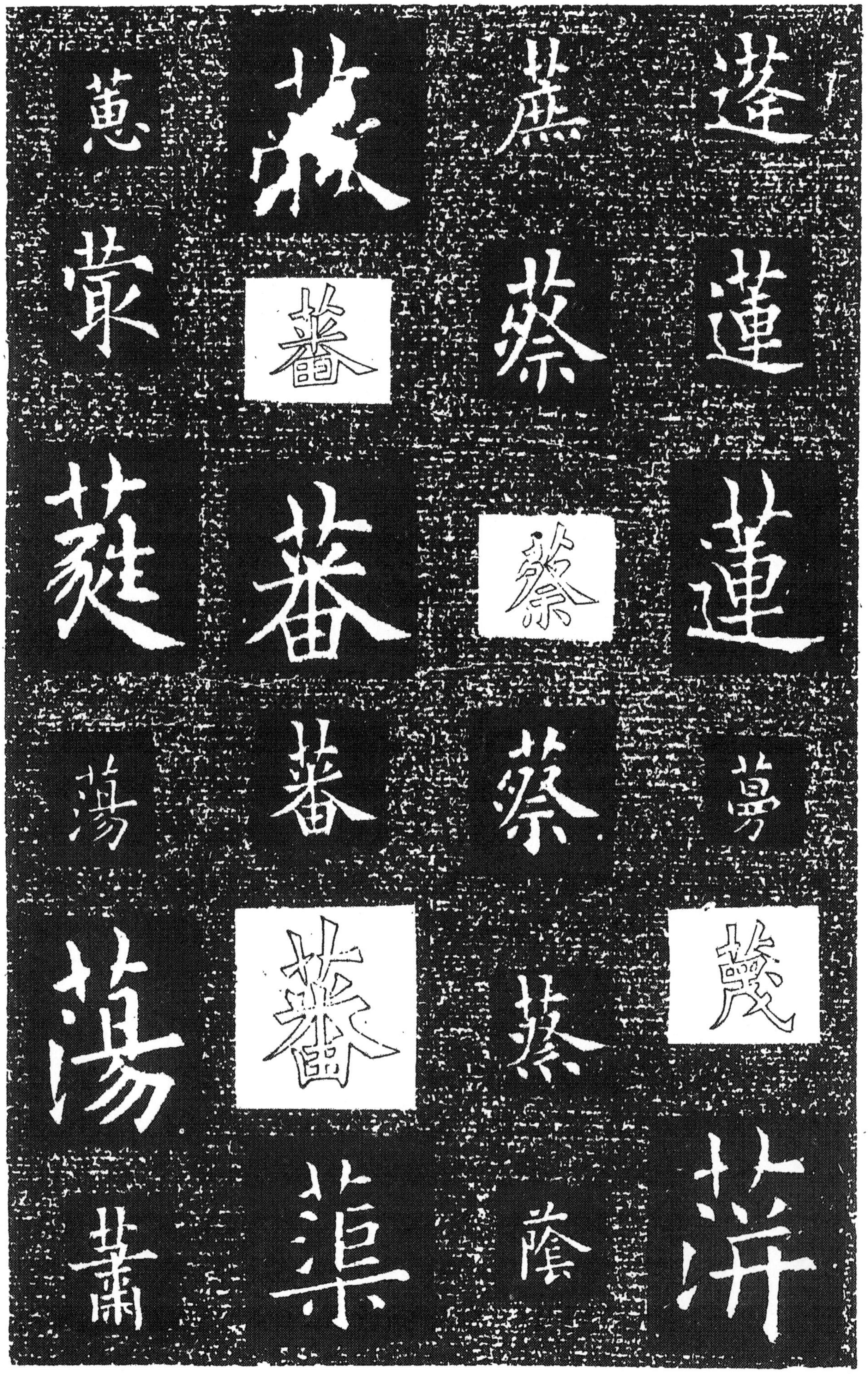
蓬
蓮
蓮
蒡
蔑
蓱
蔗
蔡
蔡
蔡
蔡
蔭
蕃
蕃
蕃
蕃
蕖
蕙
蕢
蕤
蕩
蕩
蕭

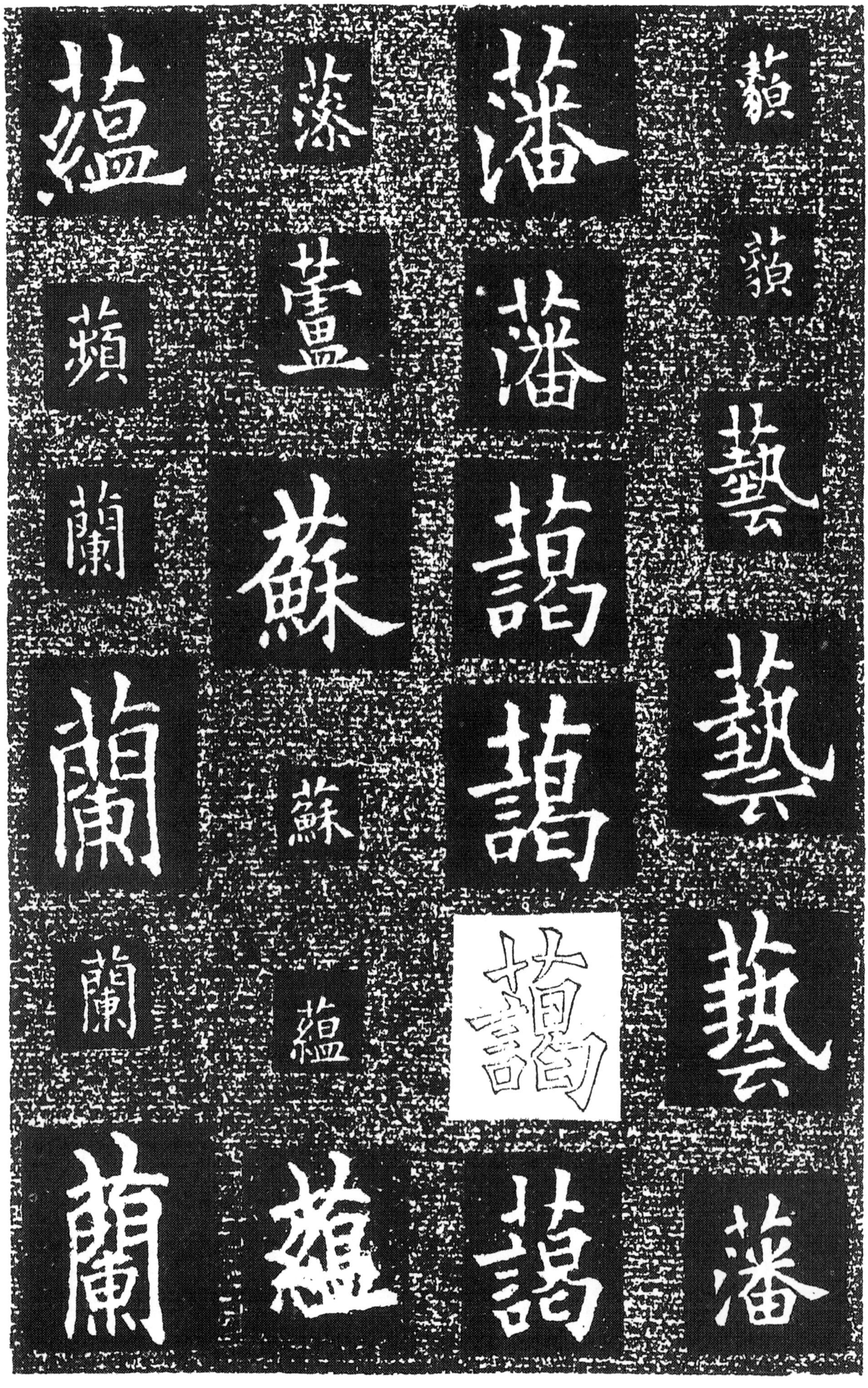
藝
藝
藝
藩
藩
藩
藹
藹
藹
藹
蘇
蘇
蘊
蘊
蘊
蘋
蘭
蘭
蘭
蘭

蘭

藋

藋

虎

虘

雺

虘

虚

虘

雲

雲

雺

雲

雩

雺

觽

雺

觽

雺

雺

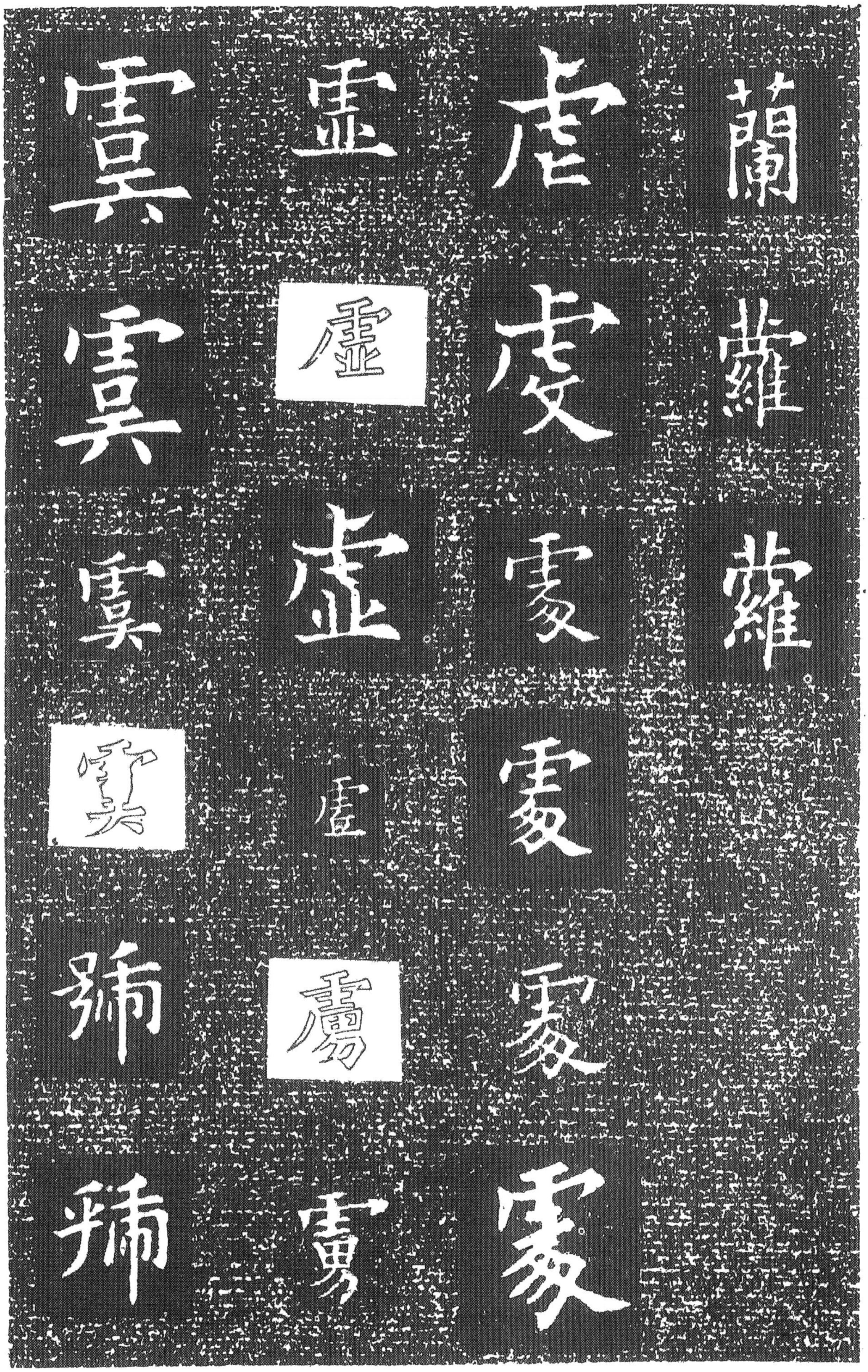

虒
虧
虧
虧
虹
虹
虵
蛟
蜀
蜀
蚤
蚤
蜷
蝟
融
螢
螭
螭
蟠
蟻
蟻
蠙

蠹 行 術 衕

蠋 行 術 衛

行 衝 衛

行 衝 衛

行 衝 衛

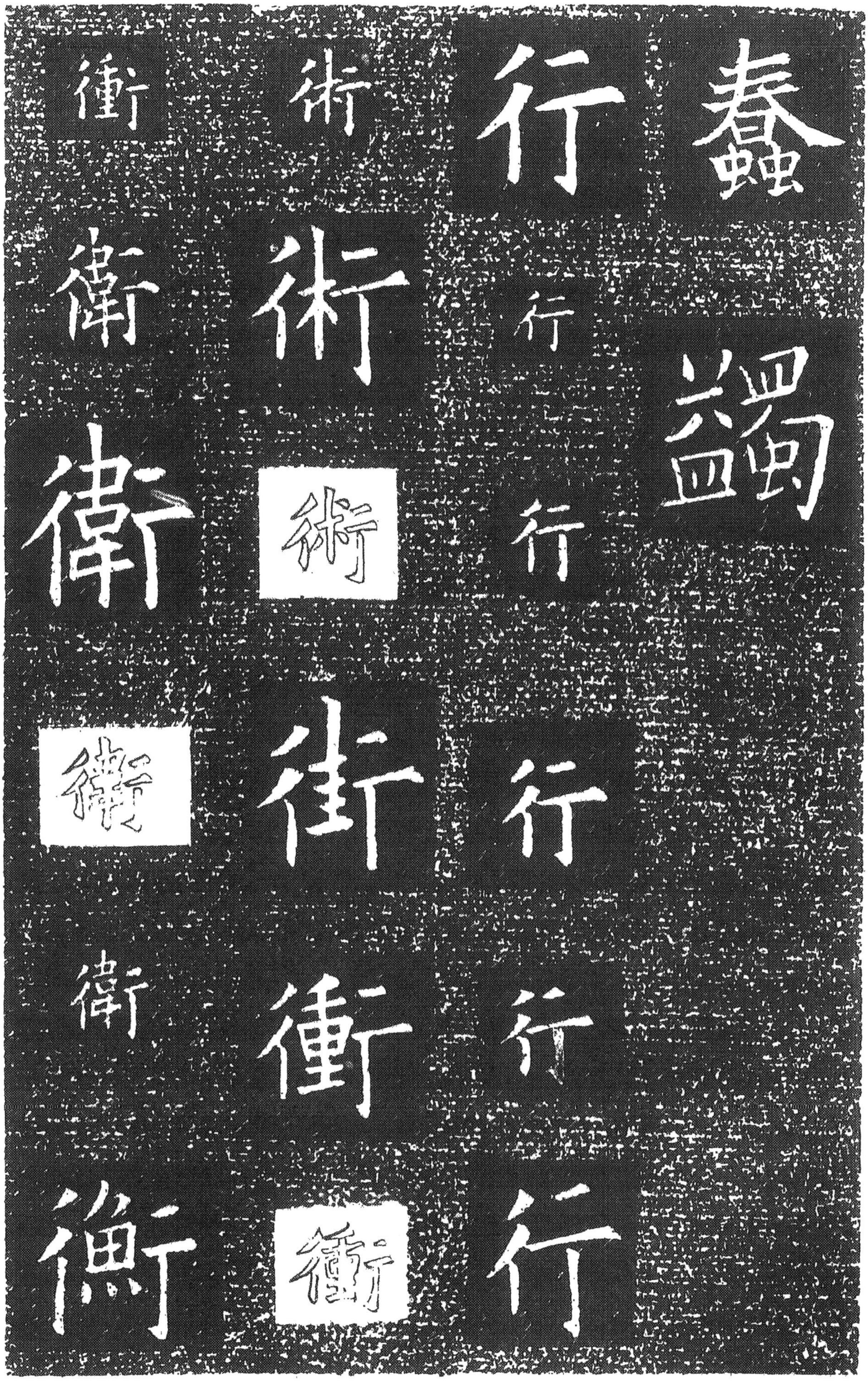

衣

衡

衡

衡

衣

衣

衣

衣

衣

衣

衣

衡

衡

表

衵

表

袪

表

衰

衰

裦

衰

衰

衰

被

袯

表

被

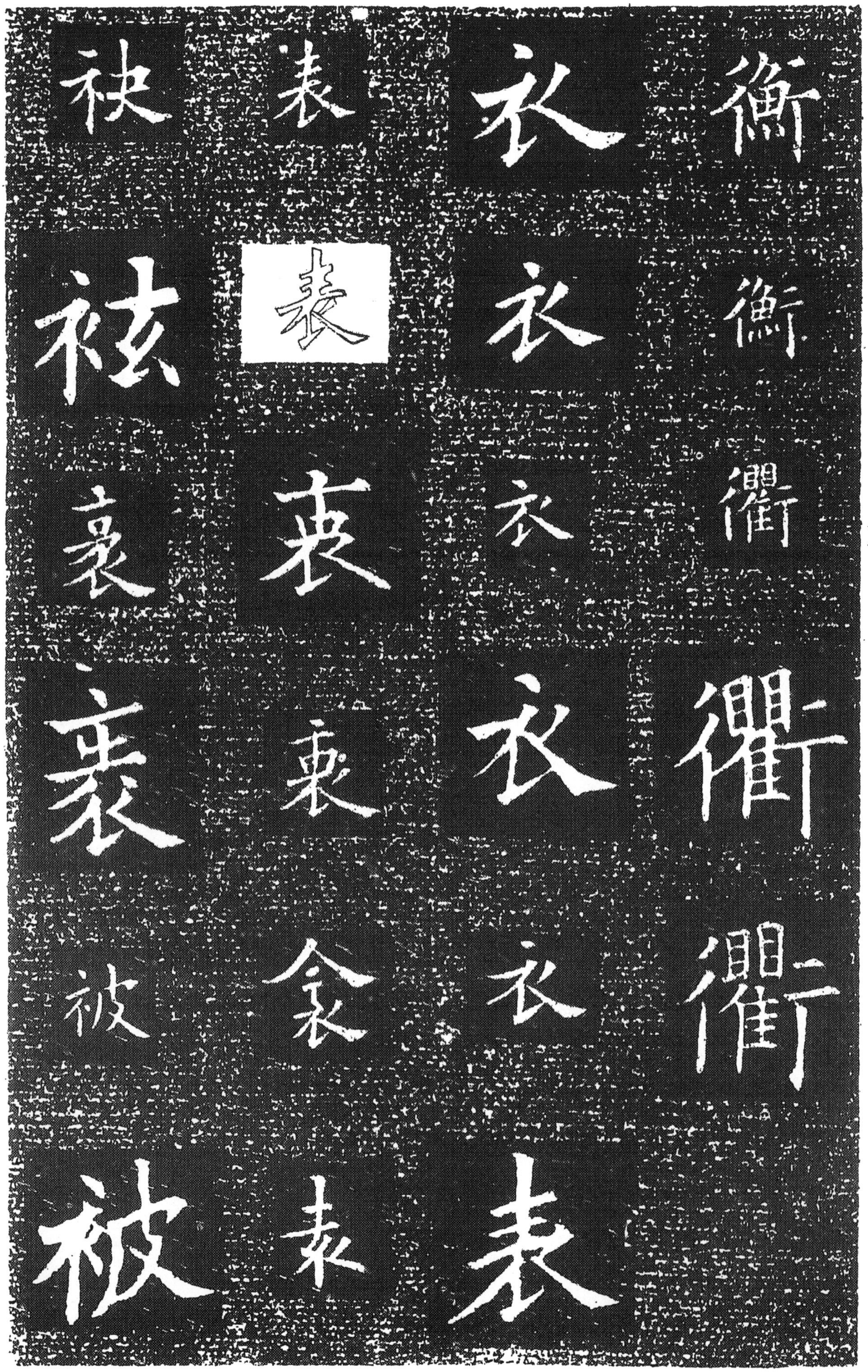

襃　裳　裏　被

褰　裳　裏　被

裾　裒　裕　裂

褔　製　裕　裂

襟　製　裕　裂

襟　裹　裳　商

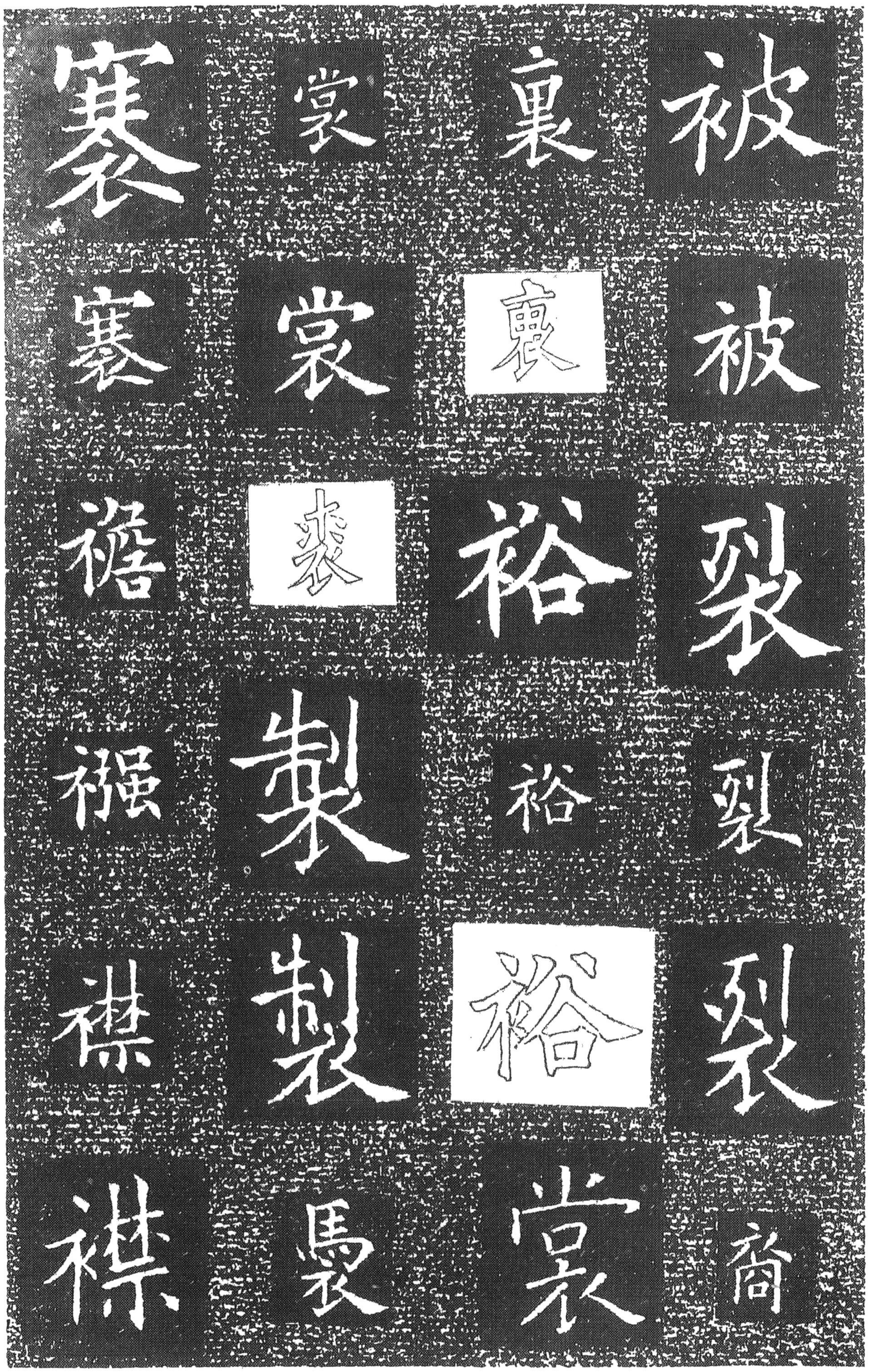

襲
襲
襲
西
西
西
西
西
西
要
要
覃
覆
覆
見
見
見
見
規
規

規
視
視
視
覲
覲
親
親
親
親
覺
覺
覽
覽
覽
覽
覽
觀
觀
觀
觀
觀

角
角
解
解
觴
觸
言
言
言
言
計
計
訏
訓
訓
訓
訖
託
託
記
記
記
訬
許

設
設
訶
詎
詔
詔
詔
詔
詔
詞
詞
詞
詠
詢
詢
詢
詣
詩
詠
詳
詳
誅
詵
誌

誕　語　誦　誰

誕　誠　誨　誰

誕　誠　説

誕　誠　説

誘　誠　調

誚　議　説　調　談

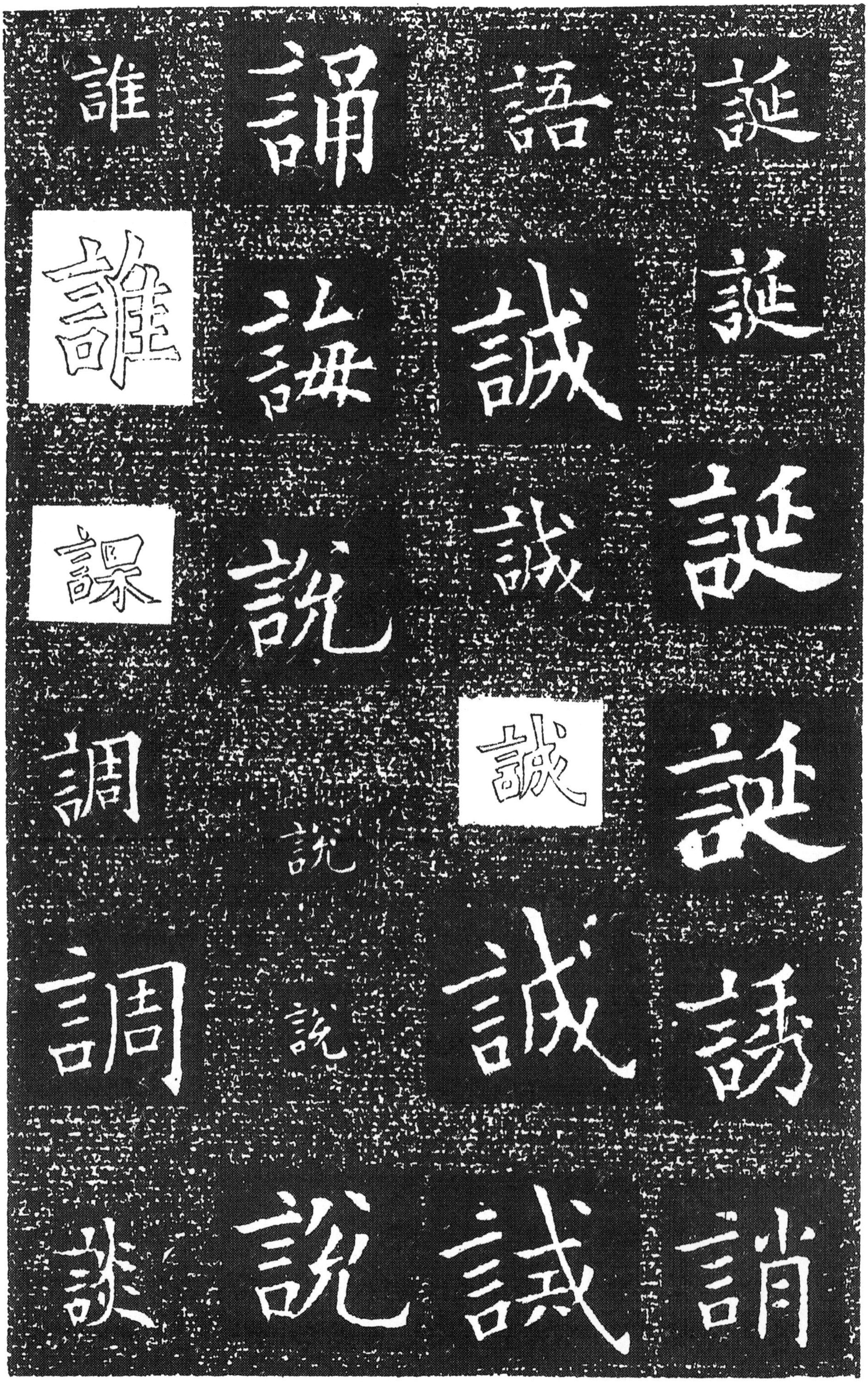

請
請
諒
論
諦
諧
諮
諭
諱
諱
諱
諸
諸
諸
諾
謀
謀
謀
謁
謂
謂
謂
謂
謙

謙
謙
謚
謚
謚
講
謝
謝
謨
謨
謹
謹
證
譍
譏
識
識
識
識
譚
警
譬
譬
譯

議
識
護
護
護
護
譽
讀
讀
變
變
變
變
變
讓
讓
讚
谷
谷
谷
谷
谷
谷

谿
谿
谿
豆
豈
豈
豈
豈
豈
豈
豎
象
象
象
豪
豪

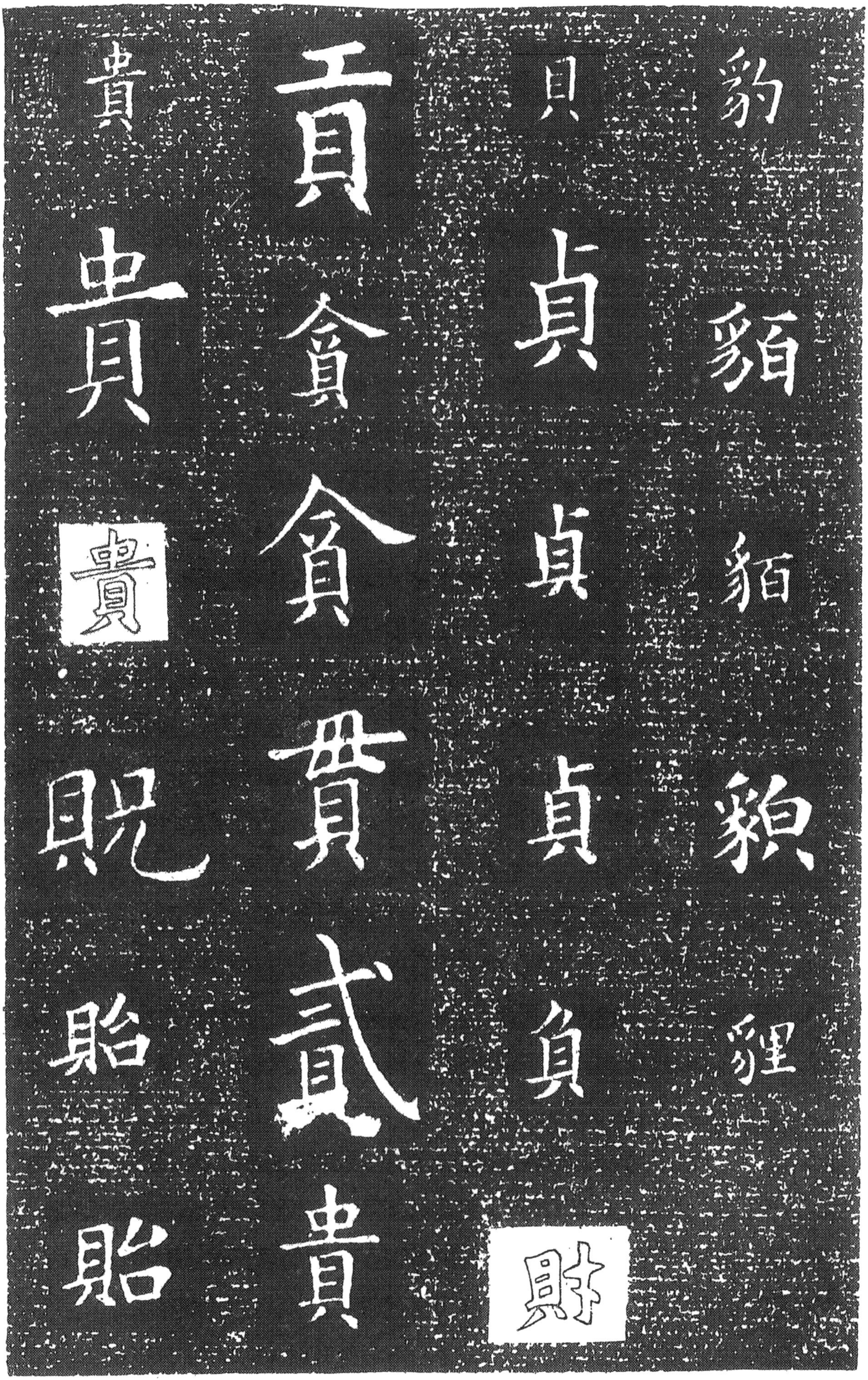
豹
貊
貊
貌
貍
貝
貞
貞
貞
負
財
貢
貪
貪
貫
貳
貴
貴
貴
貴
貺
貽
貽

貽
責
資
資
資
賈
賊
賊
賓
賜
賣
賞
賞
賢
賢
賢
賤
賤
質
質
質
賻
賻
賻

赴

赴

起

起

起

起

杰

赤

赧

赫

柴

賛

贊

賛

瞻

瞻

蹟

贄

贈

贈

贈

贈

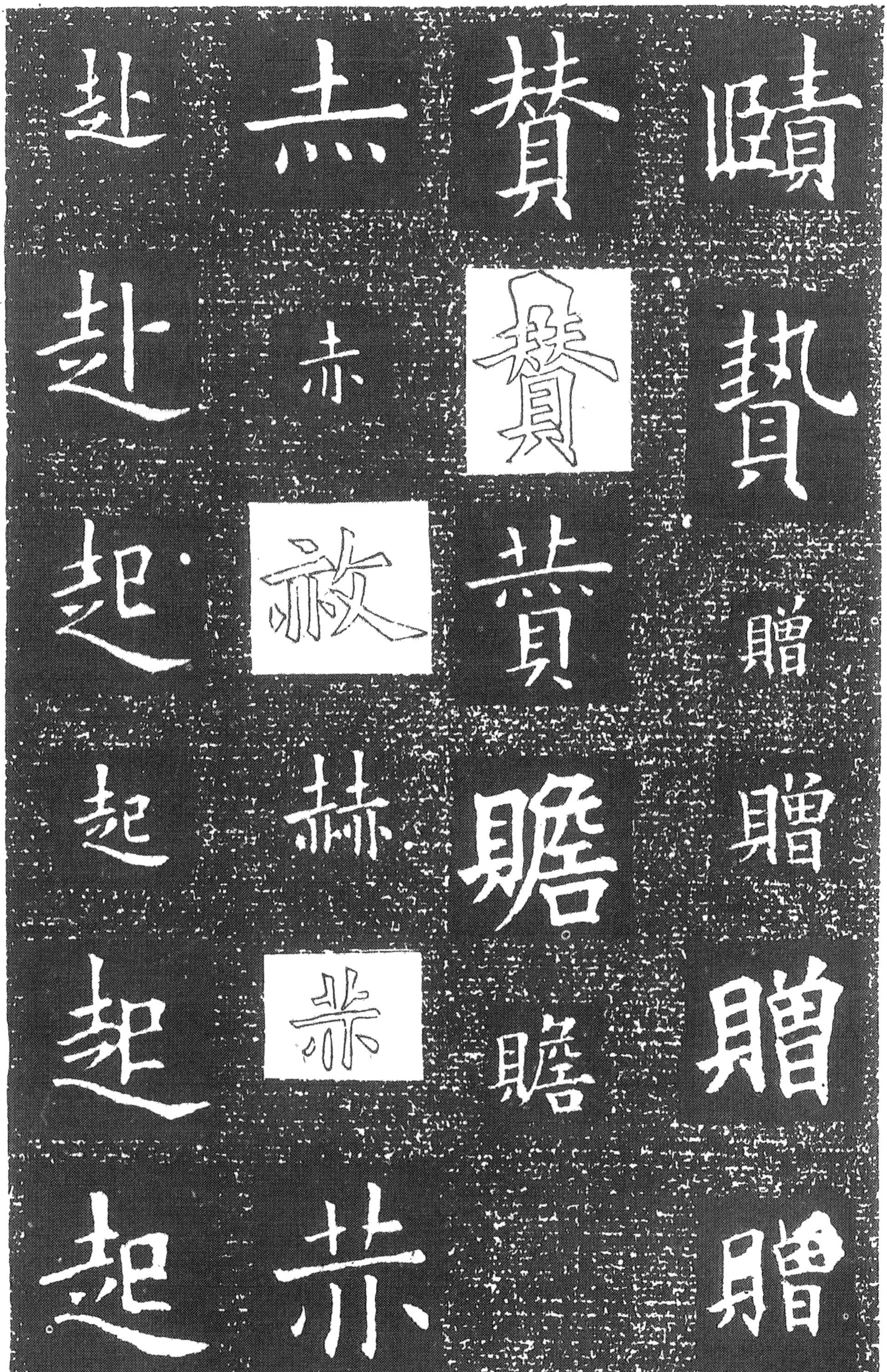

起 起 超 越 越 越
越 越 趍 趍 趍 趍
趙 趙 趙 趙
足 足 足 足 趾

趣　踐　路　跋

蹈　踐　路

踞　踰　路　跡

　　　　　跡

寁　踰　践　跨

蹉　踰　　　踦

　　踵　蹊

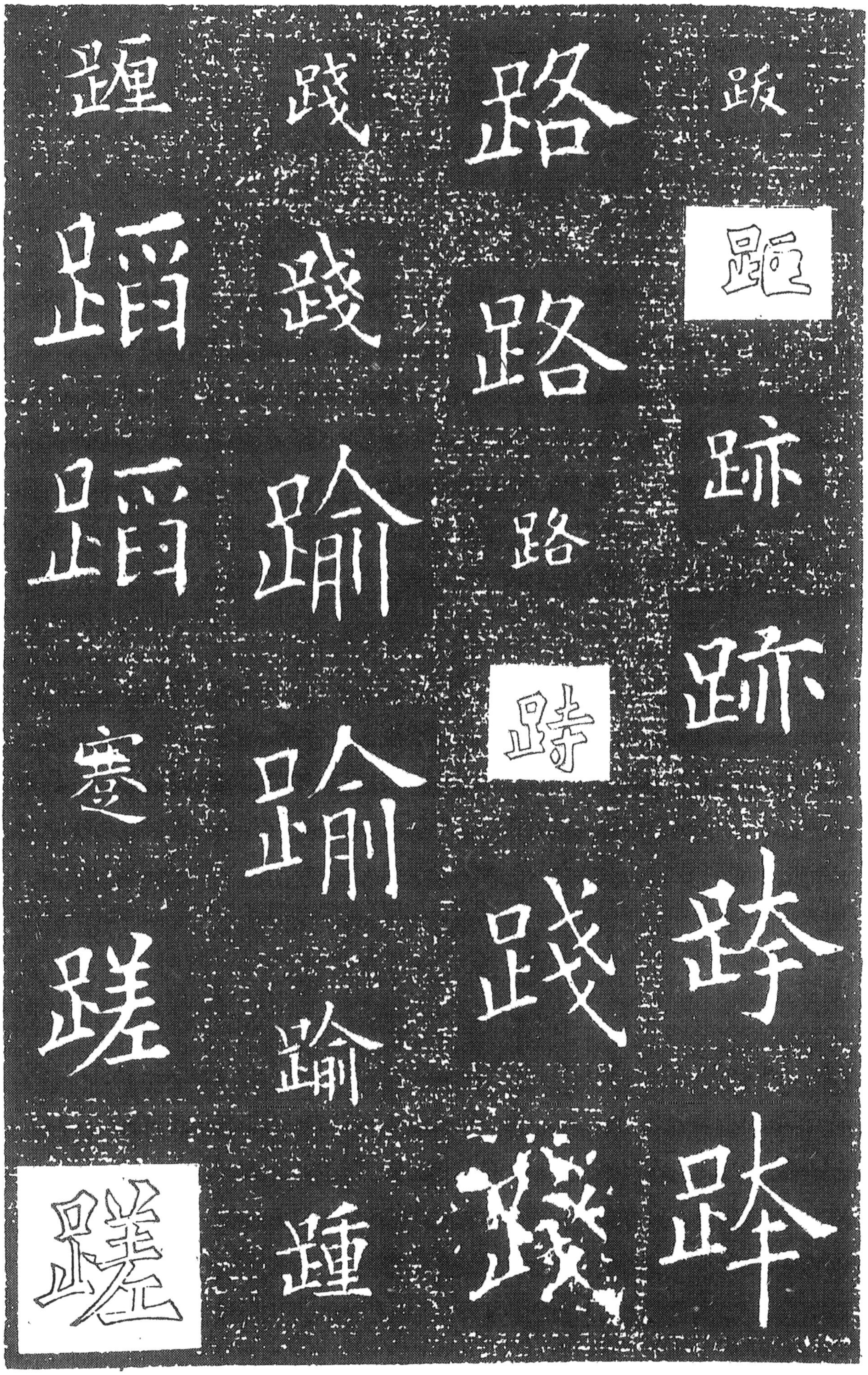

踝 踝 蹙 蹟 蹲 蹶

躅 躇 躍

身 身 身 身 躬 躬

車 車 車 軌 軍 軍

軍
軒
軒
軒
軒
斬
斬
軸
軻
軼
軼
軾
輅
輈
載
載
載
輔
輕
輕
輕
輕
輝
輟

轅　輸　輩　輟

輳　輸　輪　輟

輘　輿　輪　輟

輳　轂　輨　葷

轉　轄　輪　葷

轉　轄　輻　輠

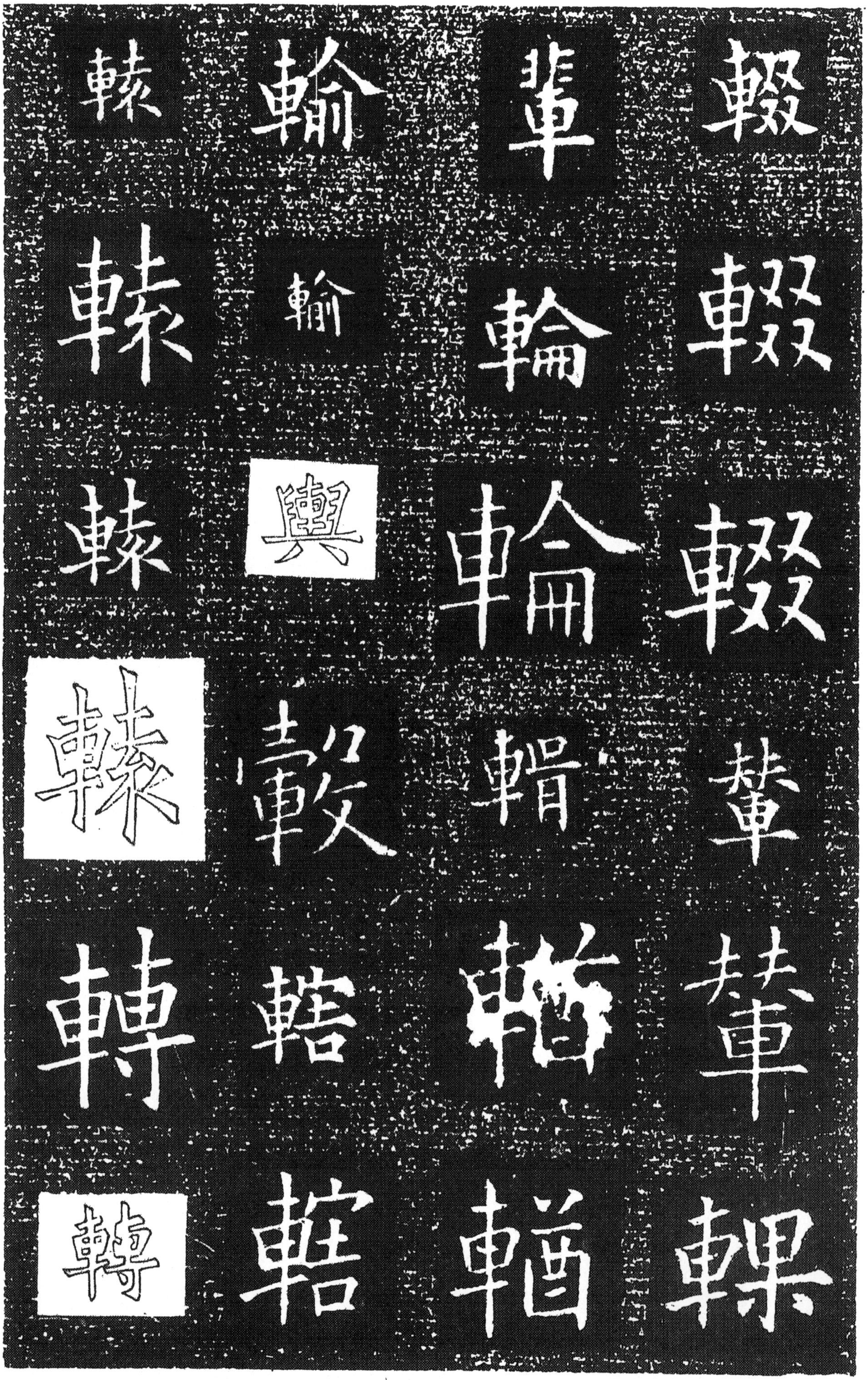

轉
辛
辭
辰
辛
辭
辰
辜
辱
辟
辱
辟
辯
辨
農

迸	迸	逈	迅
迊	述	迆	近
追	述	逈	迉
追	迷	迴	近
追	迹	迫	迁
逈	迋	迪	迨

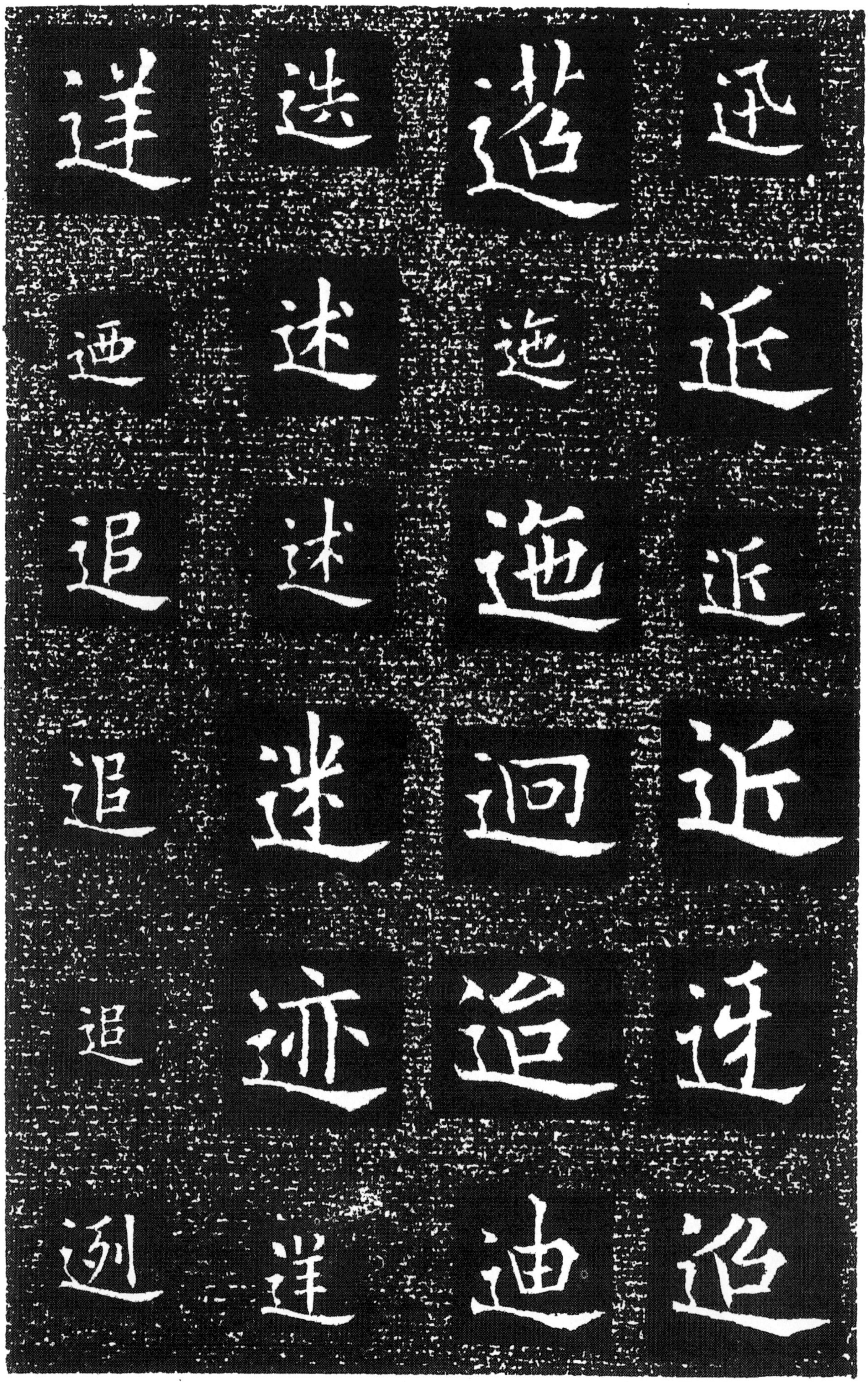

逢　逝　通　退

　　逝　通　送

逢

　　逝　通　逍

逞

　　逝　通　逍

逯

　　造　通　逐

進　連　速　逝　遙

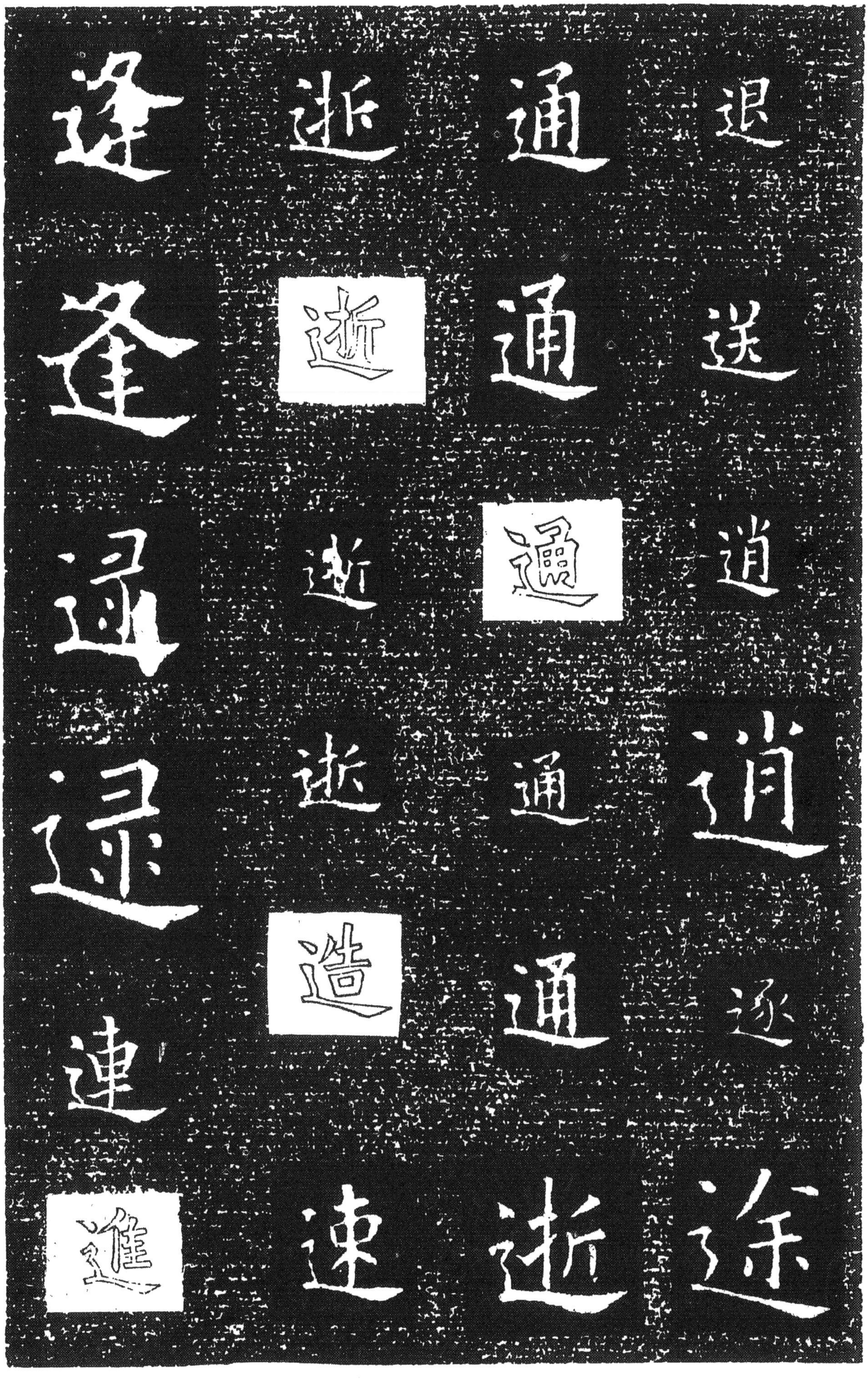

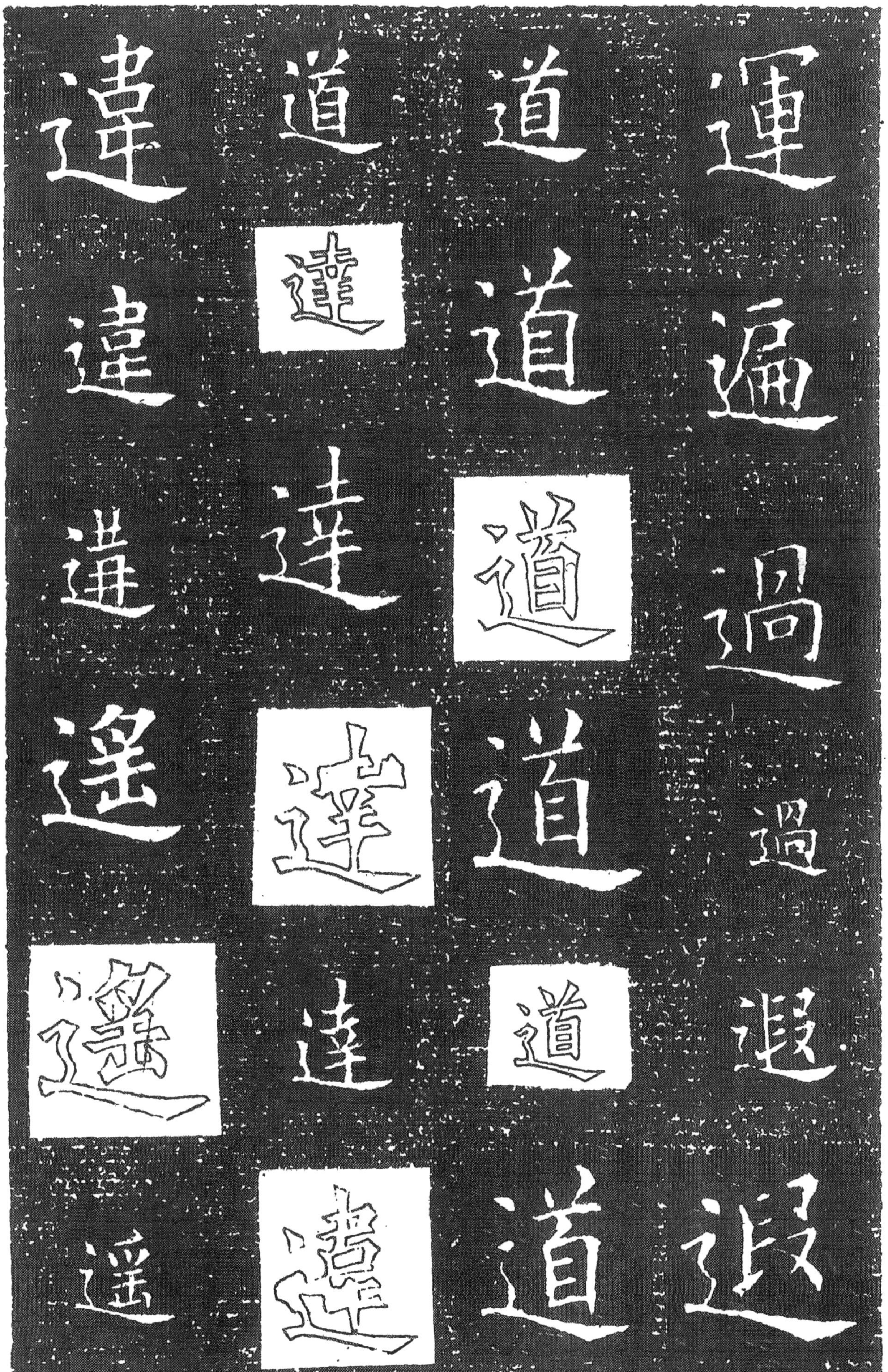
運
遍
過
過
遐
遐
道
道
道
道
道
道
道
達
達
達
達
違
違
違
遘
遙
遙
遥

遷　遄　遠　　遠

遷　遊　遝　遠

遷　遵　遣　遠

選　遵　遣　遠

選　遷　適　遠

　遷　遷　逑　遠

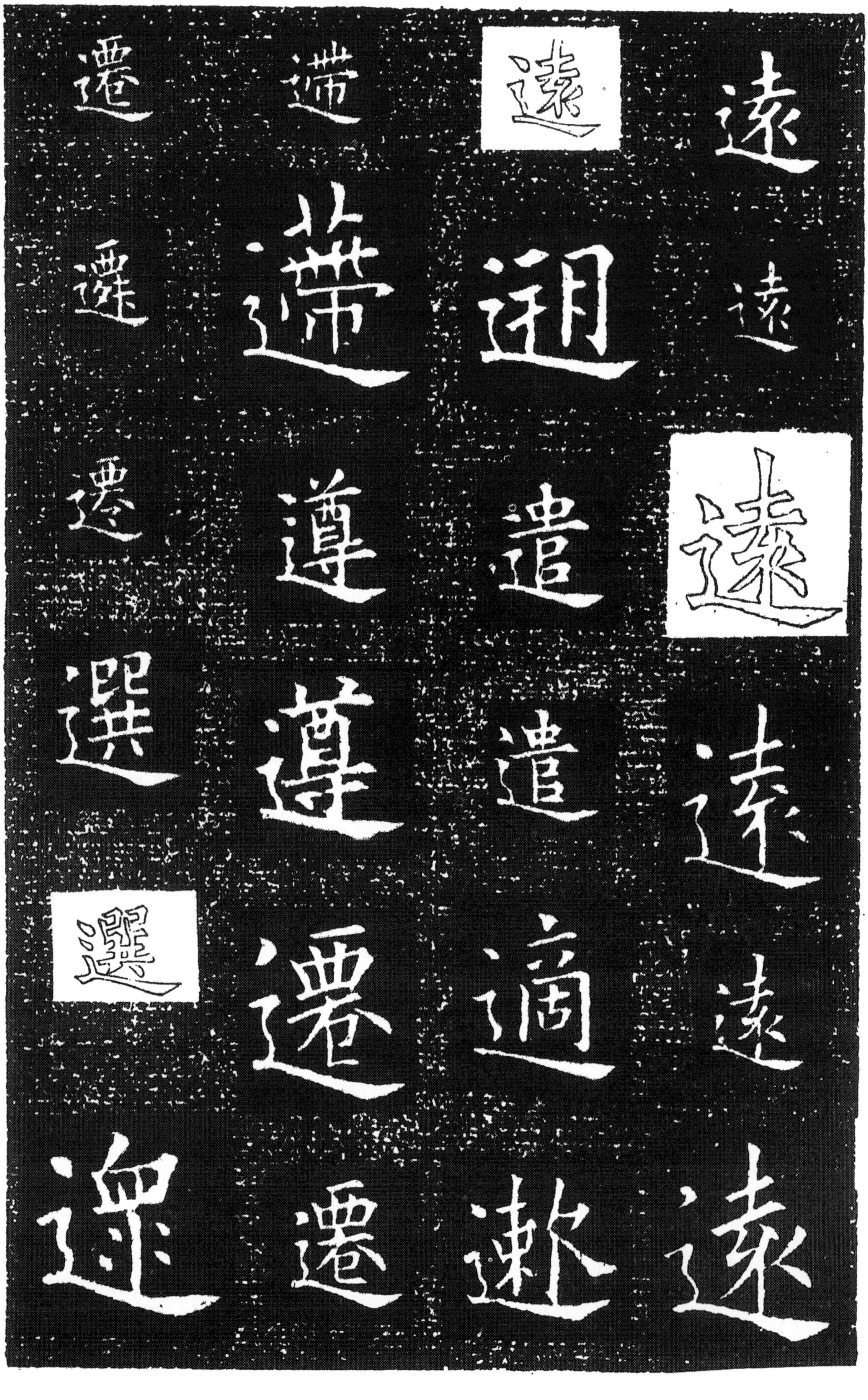

邁　邁　遼　遺

遐　　　邊　遺

還　邁　遼　遺

遒　邁　邊　遼

　　　避　遼

邊　邁　　避

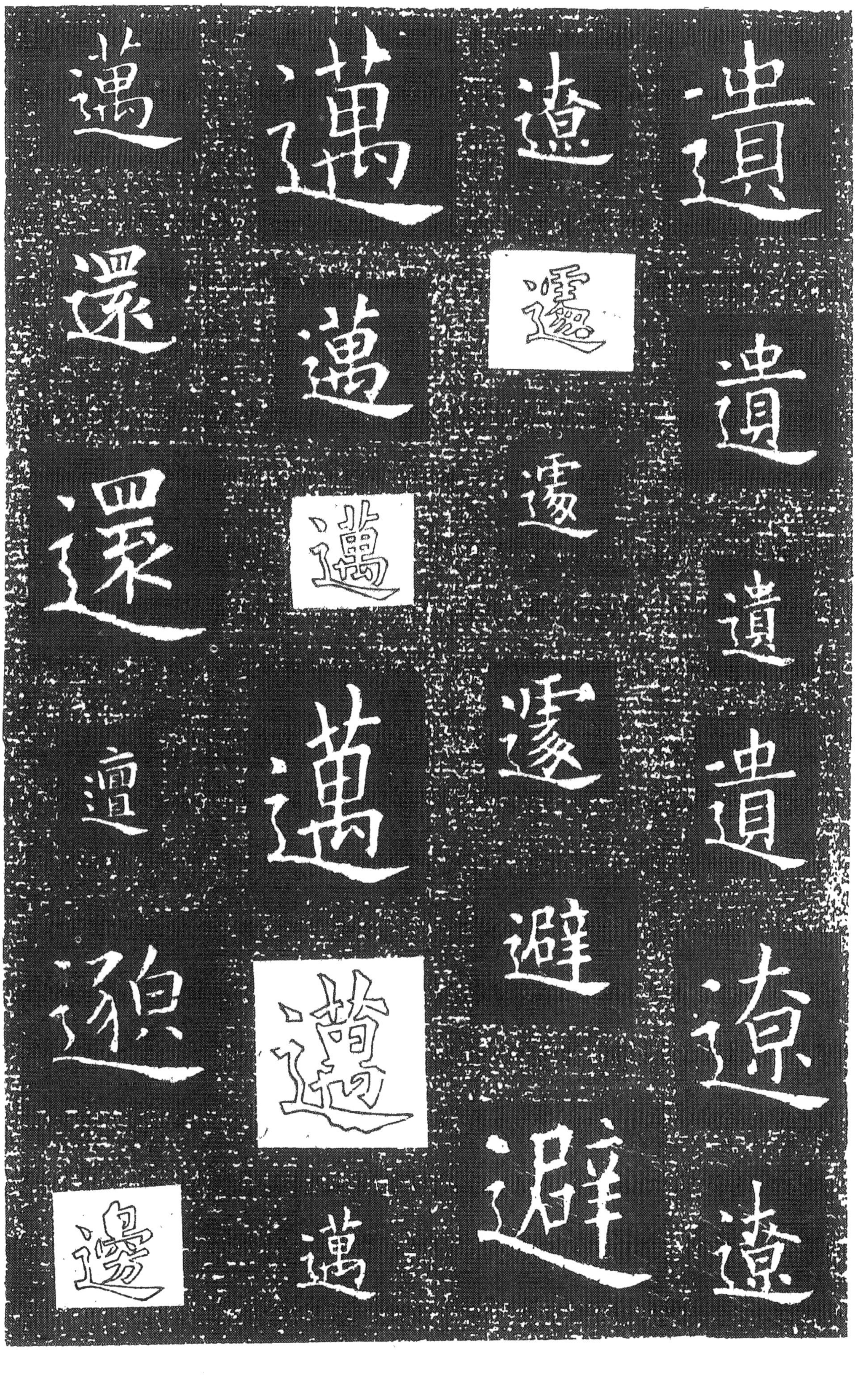

郎郎郎郎郎郡
郡郡郡郡郤
部部部部部郭
郭郭都都都

邪 鄧 鄭 隣 隣 隣

鄰 鄰

酋 酌 酒 酒 酬 酷

醇 醜 醴 醼

釆
釆
釆
釋
釋
釋
里
里
里
里
里
重
重
重
重
重
重
野
野
量
量

金
金
金
金
金
針
鈞
鈴
鈞
鉅
銀
銀
銀
銅
銖
銘
銘
銘
銘
銘
銜
銜
銜
銷

鋒
鋒
鋒
録
録
錦
錫
錫
鍵
鍾
錙
鎬
鎬
鎮
鎮
鎮
鏗
鏘
鏘
鏡
鏡
鐘
鐫
鑒

闕　闍　閨　開

閣　開　開　開

闇　閣　閒　開

闊　閣　間　闢

閵　閤　閇　開

闕　間　閤　開

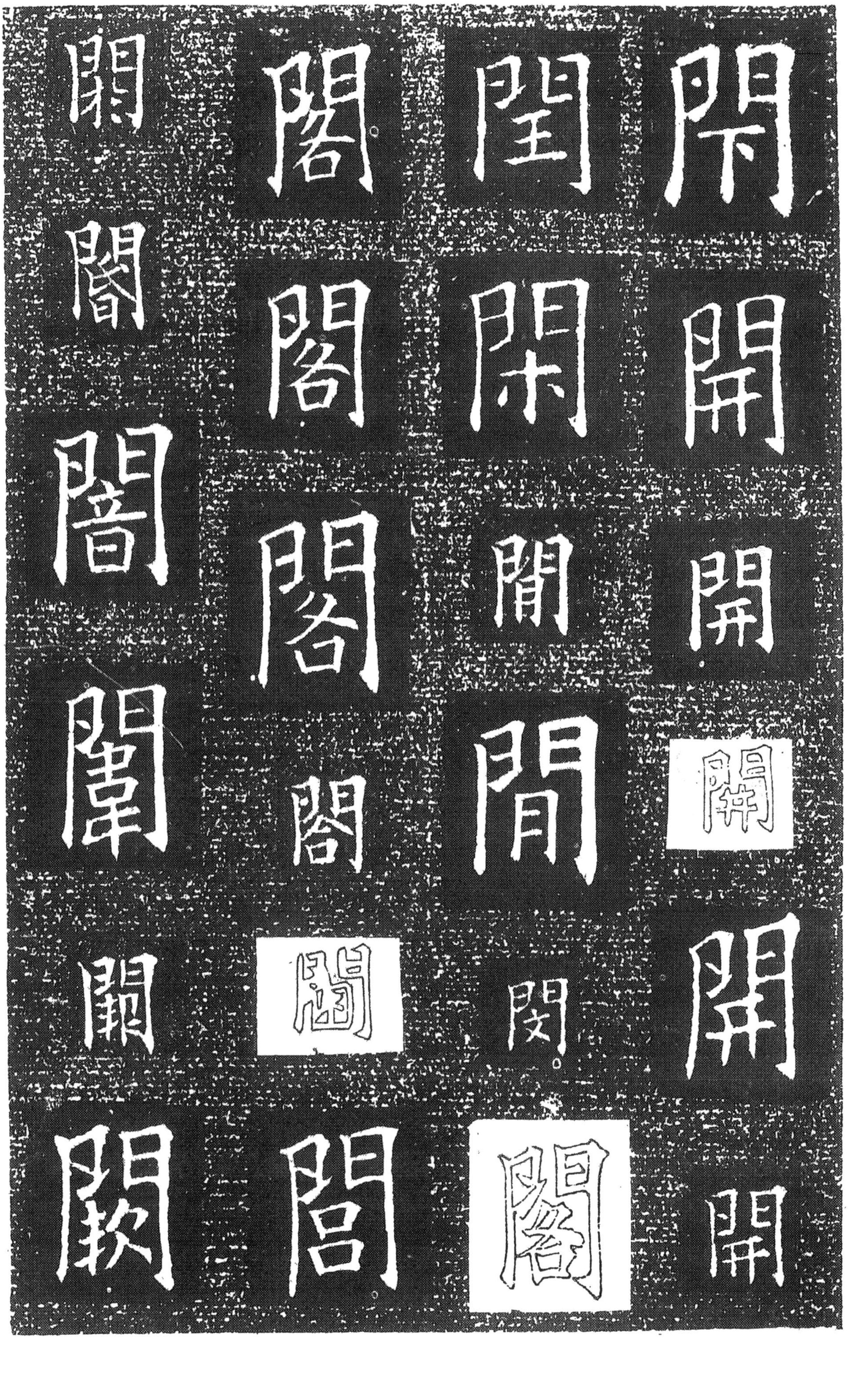

關

闡

闡

闢

闤

闖

阜

阪

陂

陁

阪

阮

阿

阿

閨

陷

陂

陁

陁

陋

降

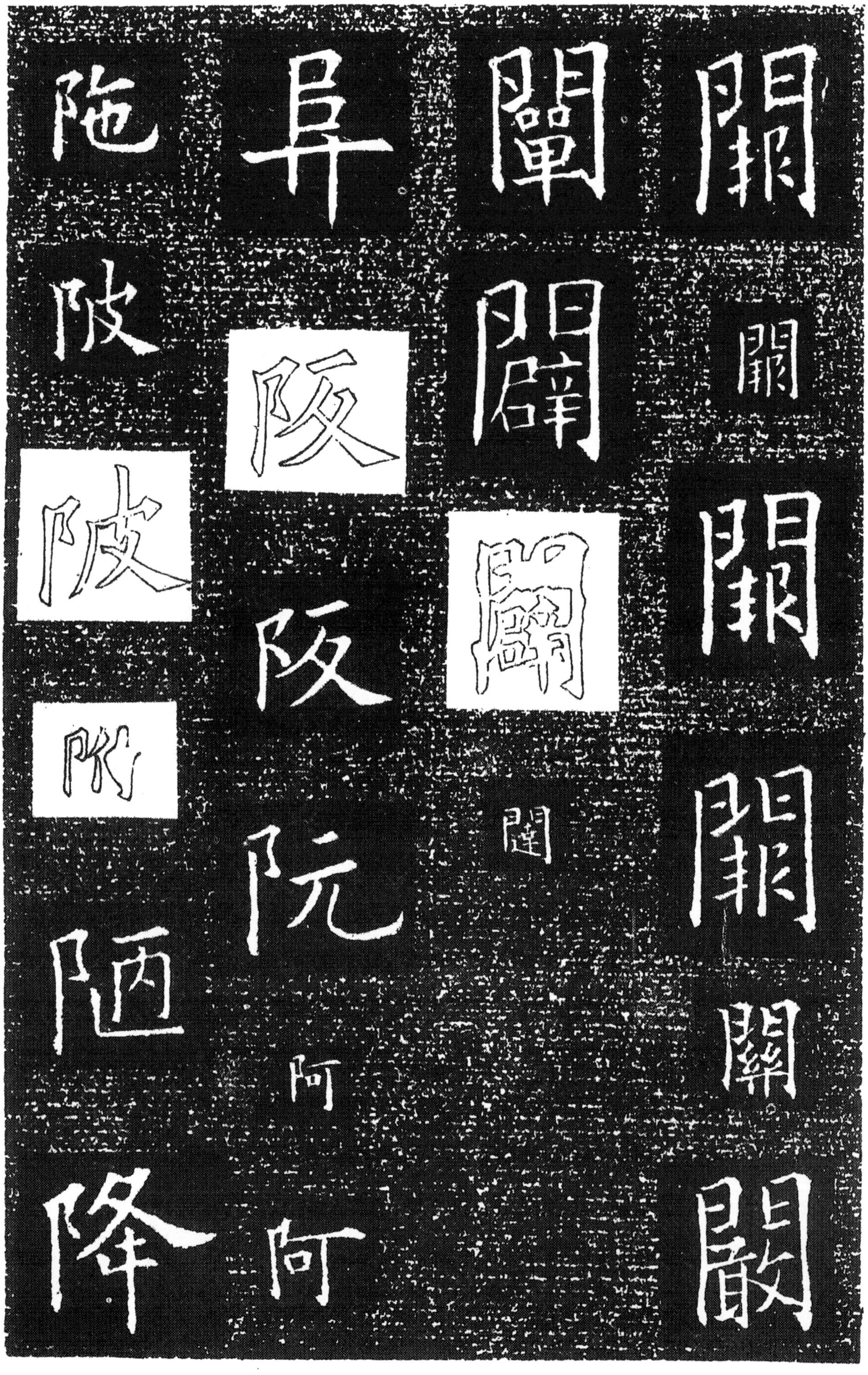

降
降
降
陛
陛
陛
陟
陟
院
除
除
除
陪
陪
陪
陫
陰
陳
陳
陳
陳
陵
陵
陵

陵
陵
陶
陶
陶
陸
陼
陽
陽
陽
陽
陽
陽
陽
隄
隆
隆
隆
隆
隆
隋
階
階
階

隅
隗
隤
隨
隨
隨
隨
隨
隩
險
險
隱
隱
隱
隴
隸
隸

雨
雨
雨
雪
雲
雲
雲
雲
雲
雷
靁
電
電
霄
霄
霆
震
震
霍
霍
霜
霜
霜
霞

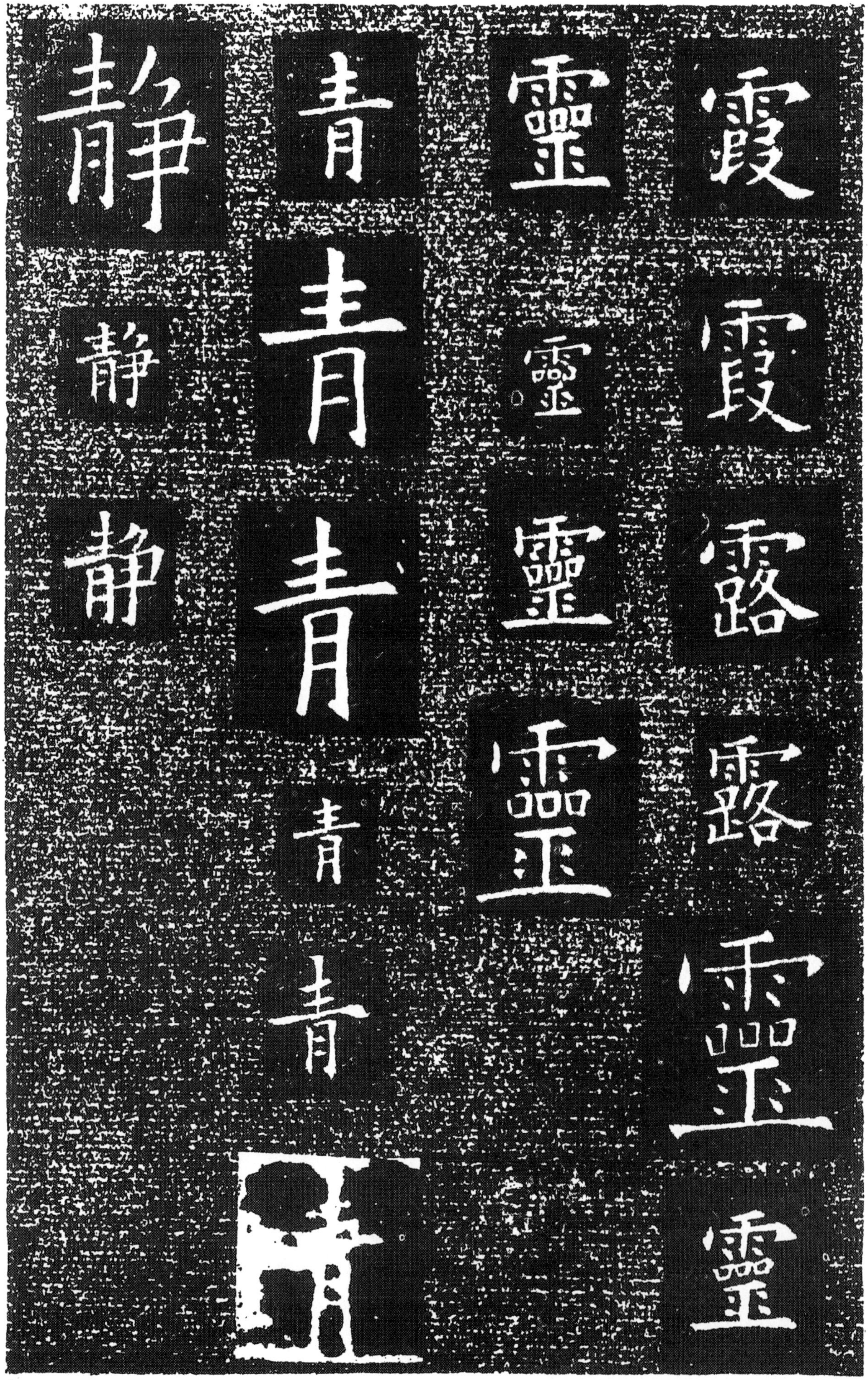
霞
霞
露
露
靈
靈
靈
靈
靈
靈
青
青
青
青
青
青
靜
靜
靜

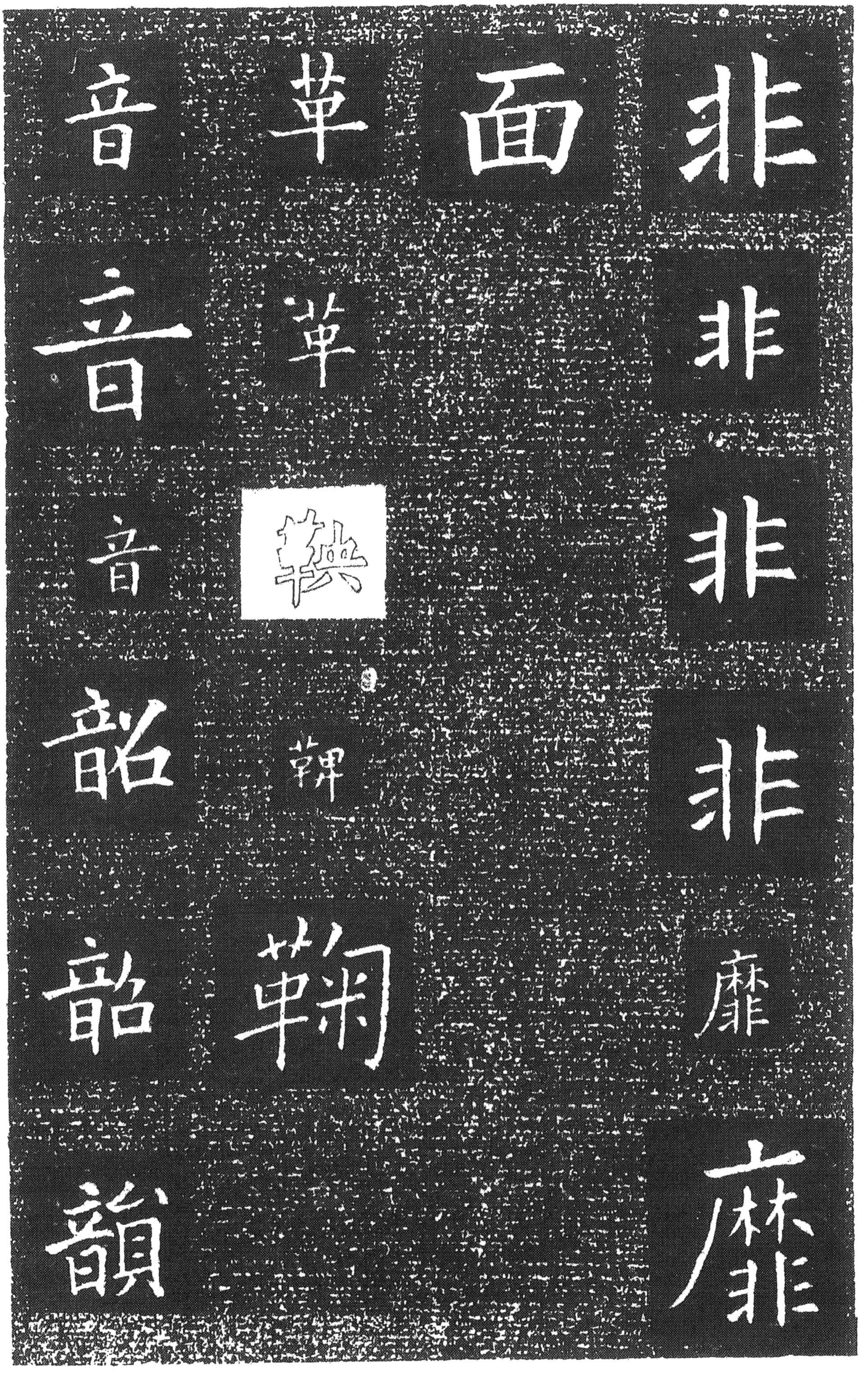
非
非
非
非
靡
靡
面
革
革
鞞
鞠
音
音
音
韶
韶
韻

韻
韵
韻
響
響
響
韓
韓
韜
韞
頃
頃
順
順
順
須
須
須
須
頌
頌
預

顛	題	領	頓
頪	頯	頤	頖
類	顙	穎	頒
類	願	頒	頭
纇	頗	頪	頭
纇	穎	頻	領

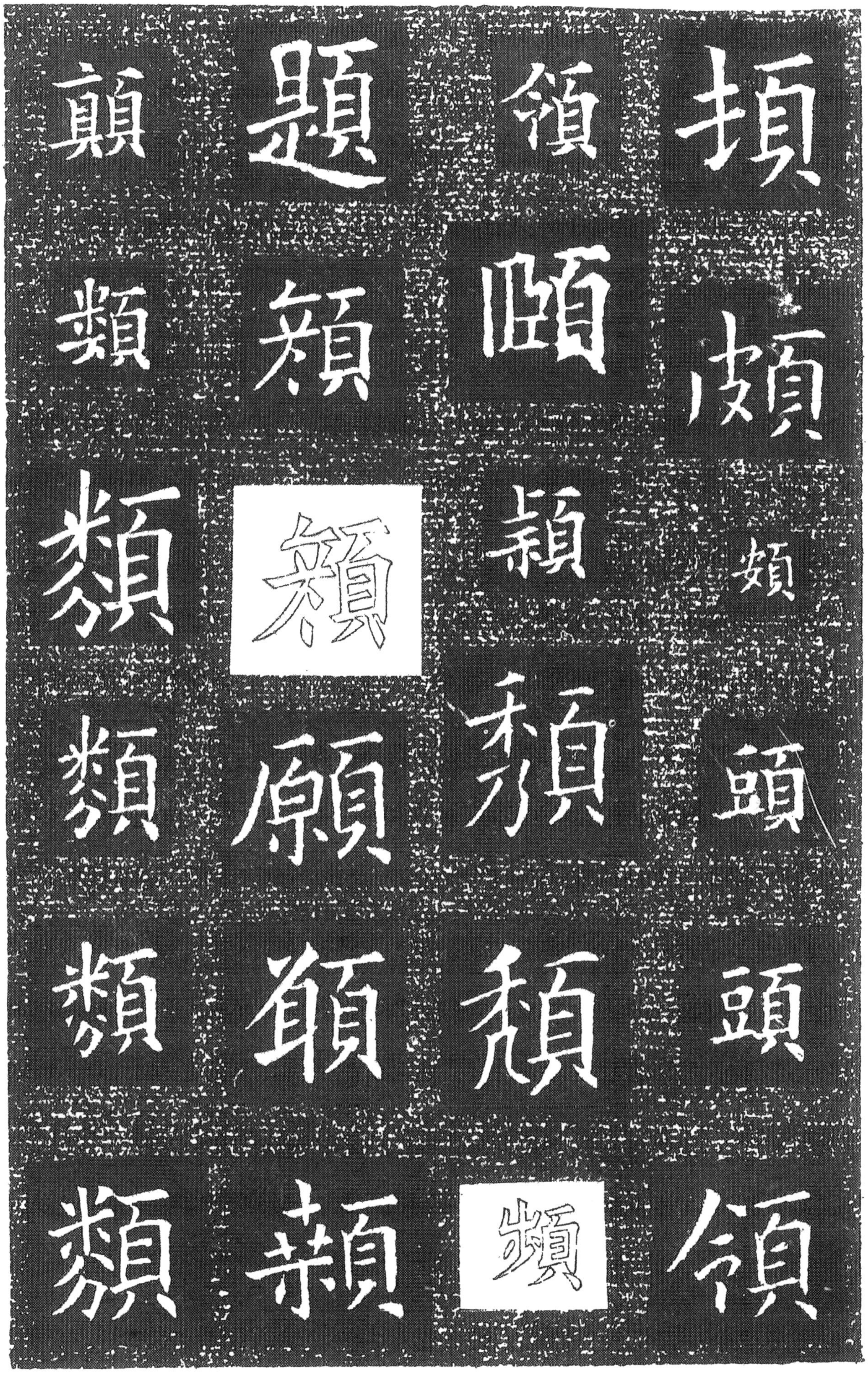

風　風　顯　類

風　顯　碩

颭　風　顥　頋

颮　　羣　顯

飄　風　　顯

風

風

顯

顯

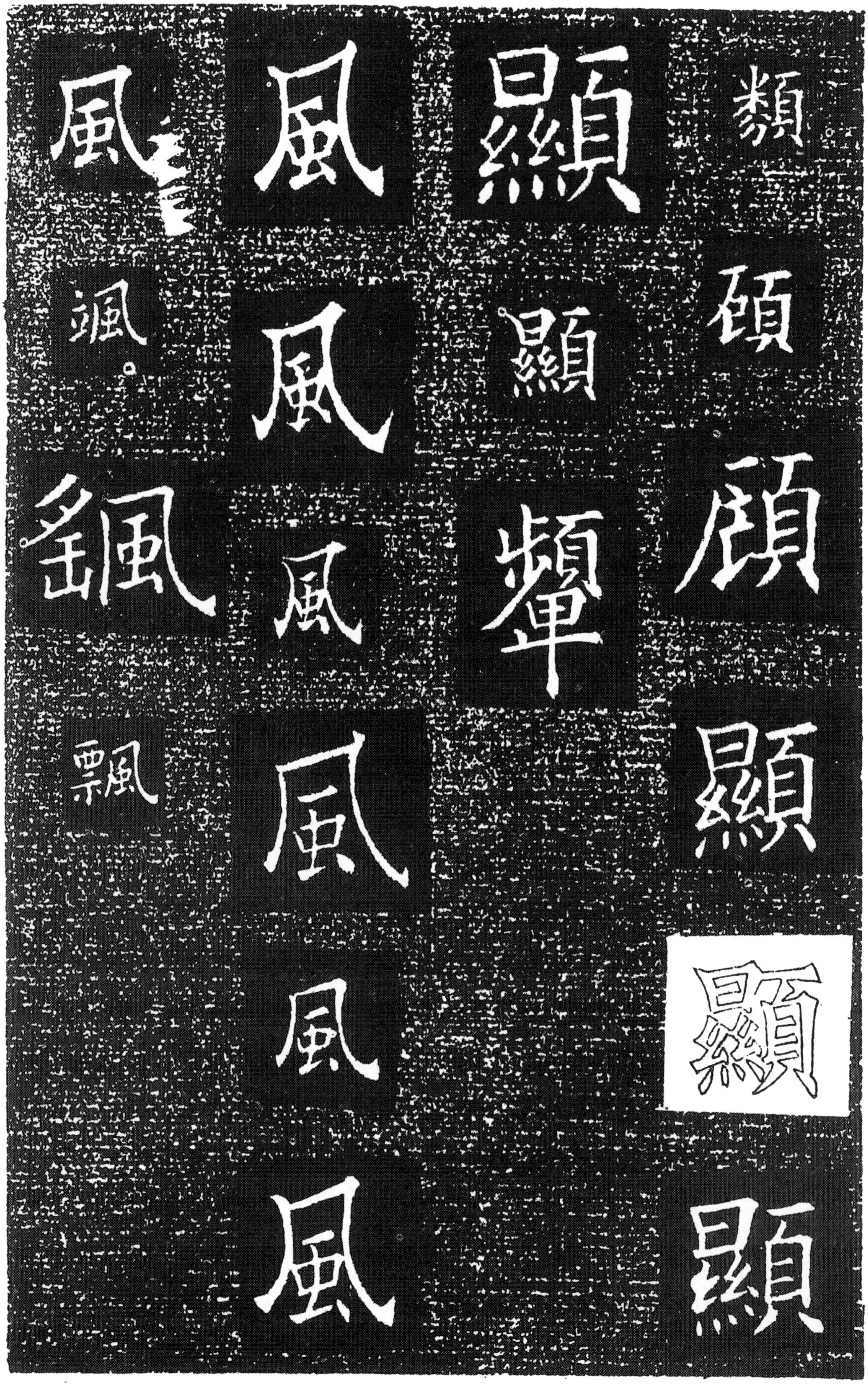

飛
飛
飛
飛
飛
食
食
食
食
食
食
飢
飫
飭
飲
飲
飲
飲
飯
飽
飾
養
養

餌
餌
湌
餐
餘
餘
餘
餘
餘
館
首
首
首
首
首
香
香
香
馥
馨
馨

馬
馬
馬
馬
馬
馬
馭
駃
馳
馳
駝
馳
馳
馴
駒
駕
駕
駕
騄
駮
駿
騁
騄
騎

騎　騰　驃　驤

騎　騰　驅　驤

騰　驗　驥

驚　驟　驕

鷔　驚　駿　驟

鷔

驚　驃　驫

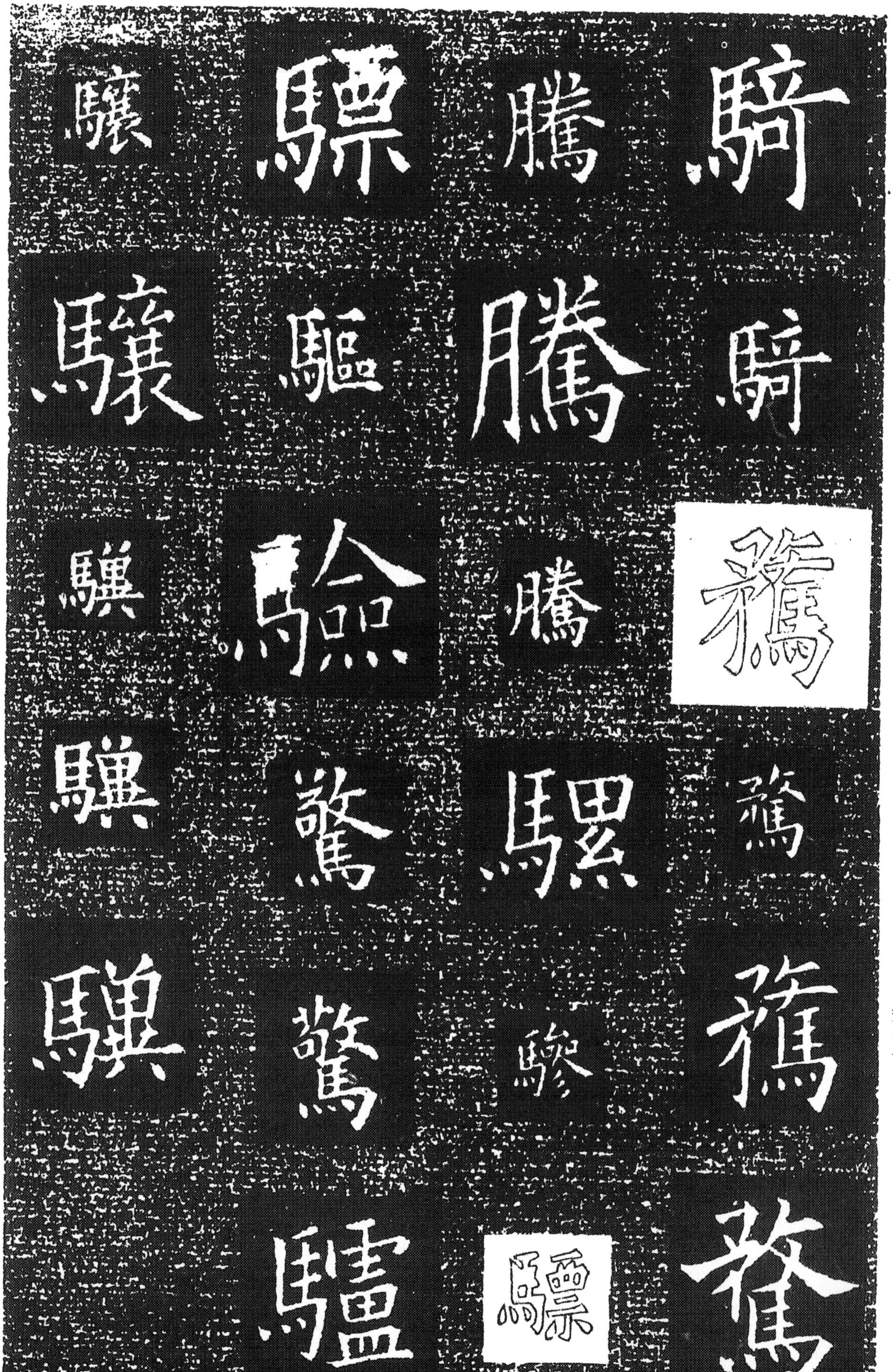

鬯　髟　高　骨

鬱　髮　高　骸

鬱　髦　高　體

鬱　髫　高　體

　　髮　高　體

　　髟　高　體

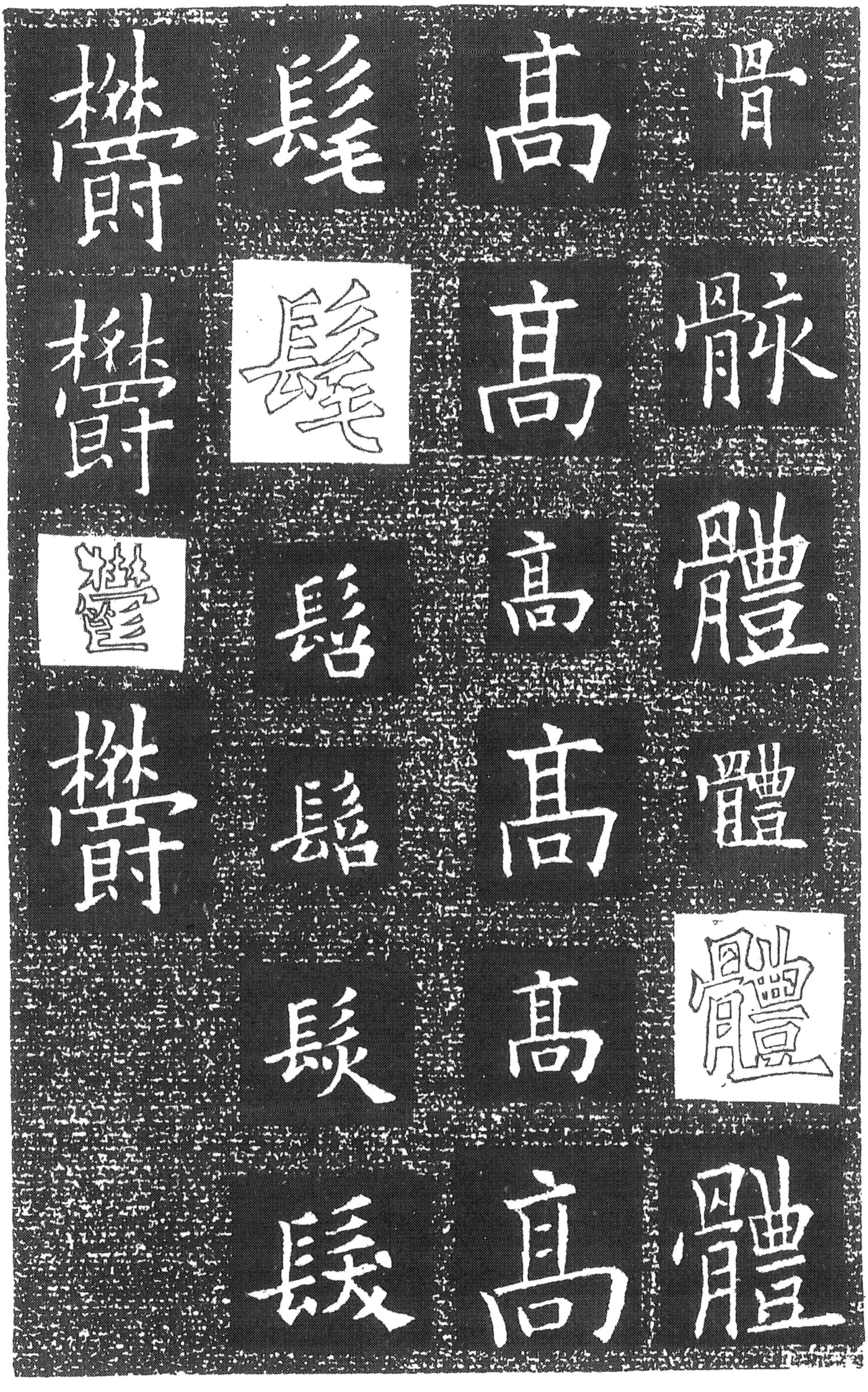

鬼
魂
魄
魏
魏
魏
魏
魏
魏
魚
魚
魚
魯
魯
鯢
鯨
鱗
鱗

鶰	鵄	鳳	鳥
			烏
鵞	鴻	鳴	鳳
鶴	鴻	鳴	
		鳴	鳳
鶴	鴻	鳴	
鶴	鵝	雁	鳳
鵠	鴟	鳶	鳳

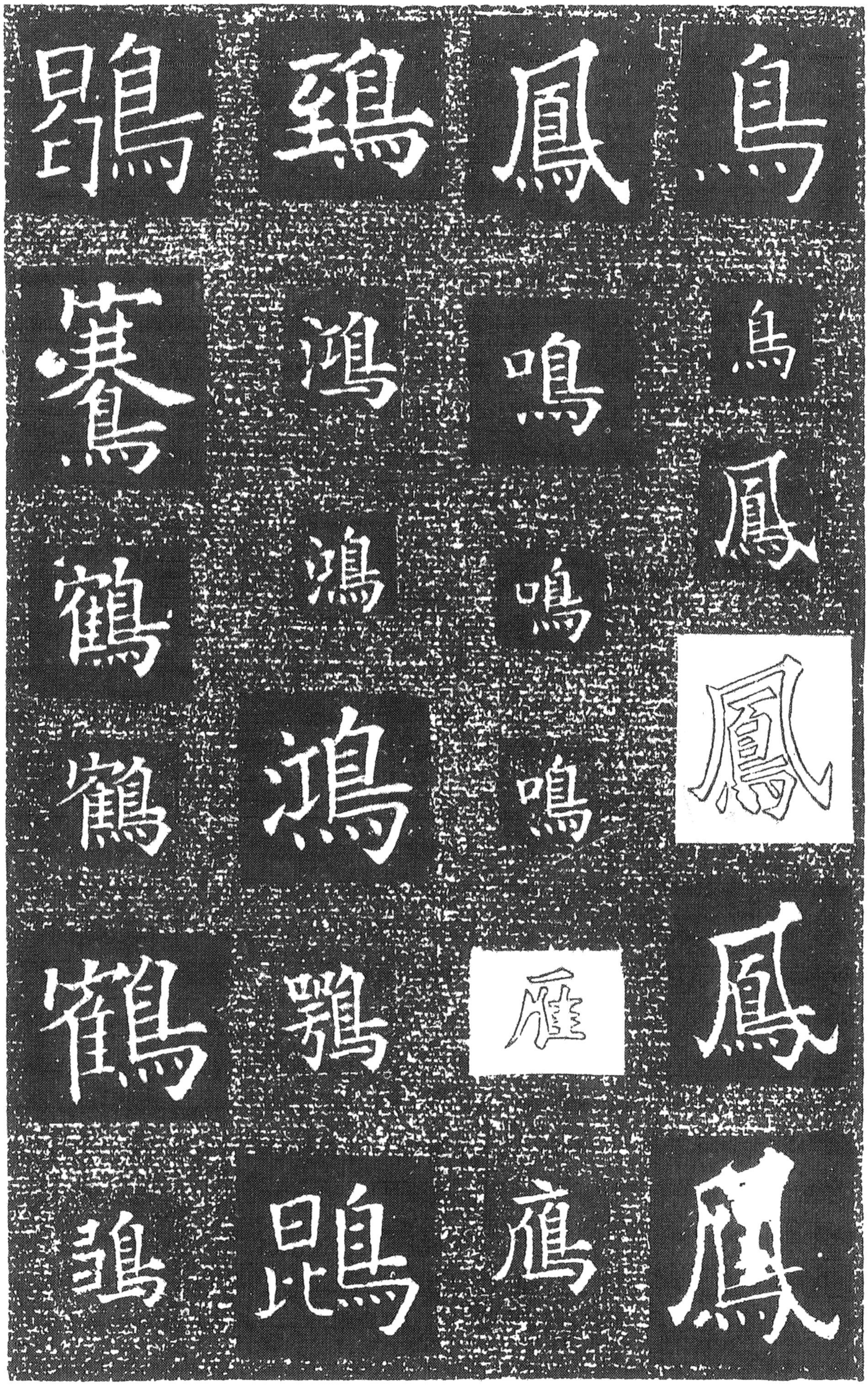

麗　鹿　鹹　鷙

麟　鹿　　鵝

麤　鹿　　鸞

鹿　　　鸞

麋　　　鸞

麗

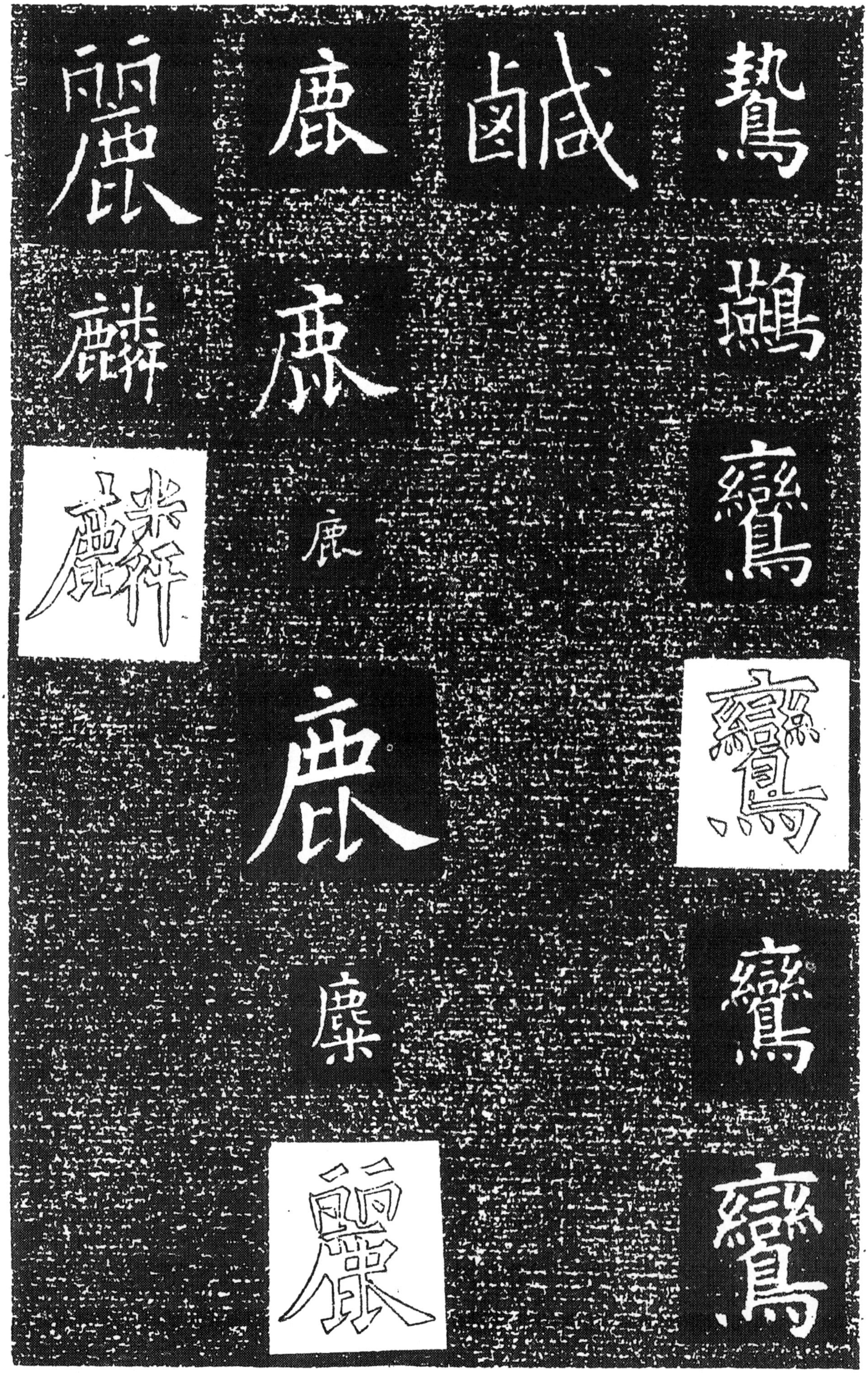

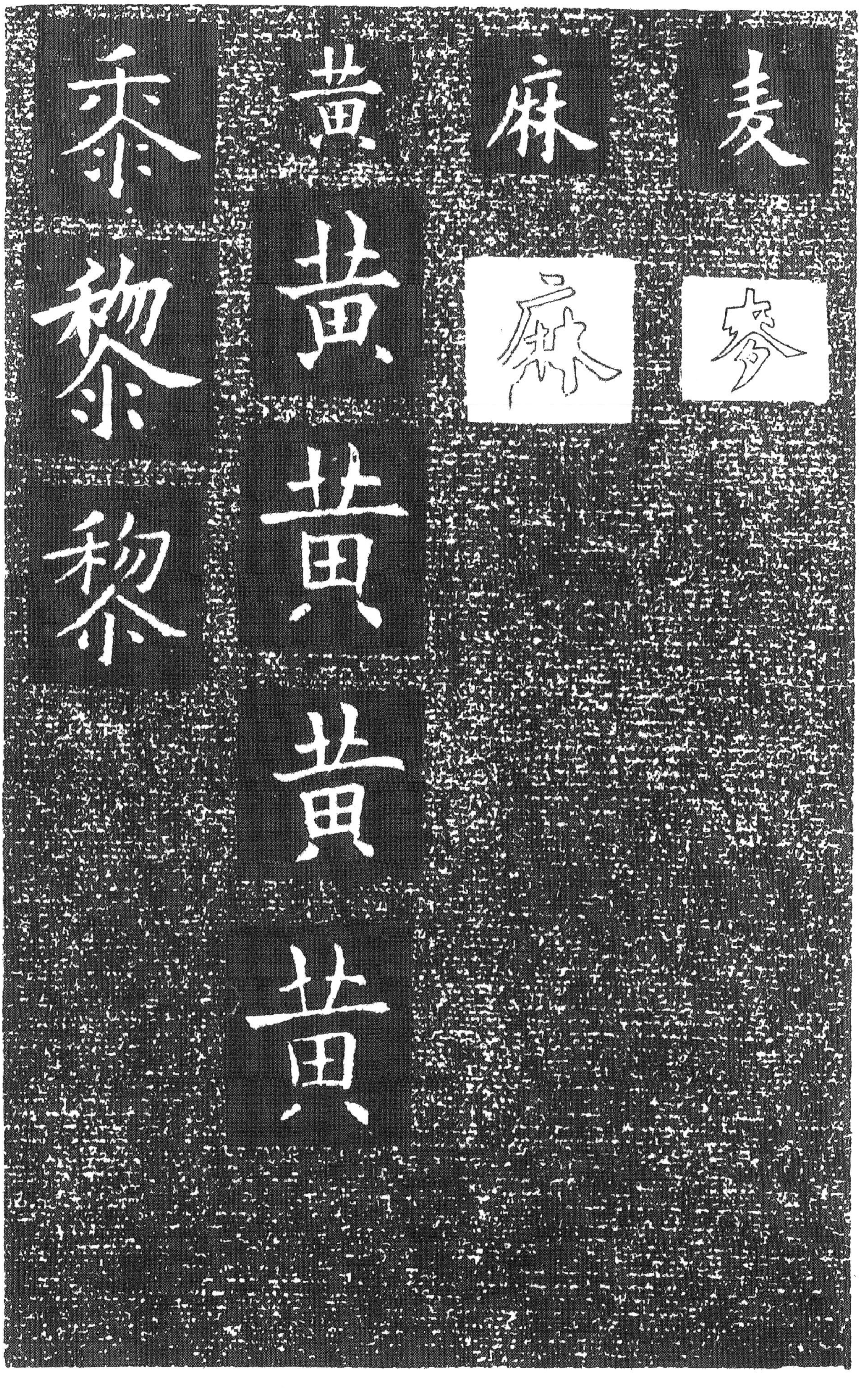

麥部　麻部　黃部　黍部

默
黜
黠
黷

黻
黻
黼

黿
黽

鼎
鼎
鼎

齒

齊

鼻

鼓

齒

齊

鼓

齒

齊

鼓

齡

齊

鼓鼙

齡

齡

齡

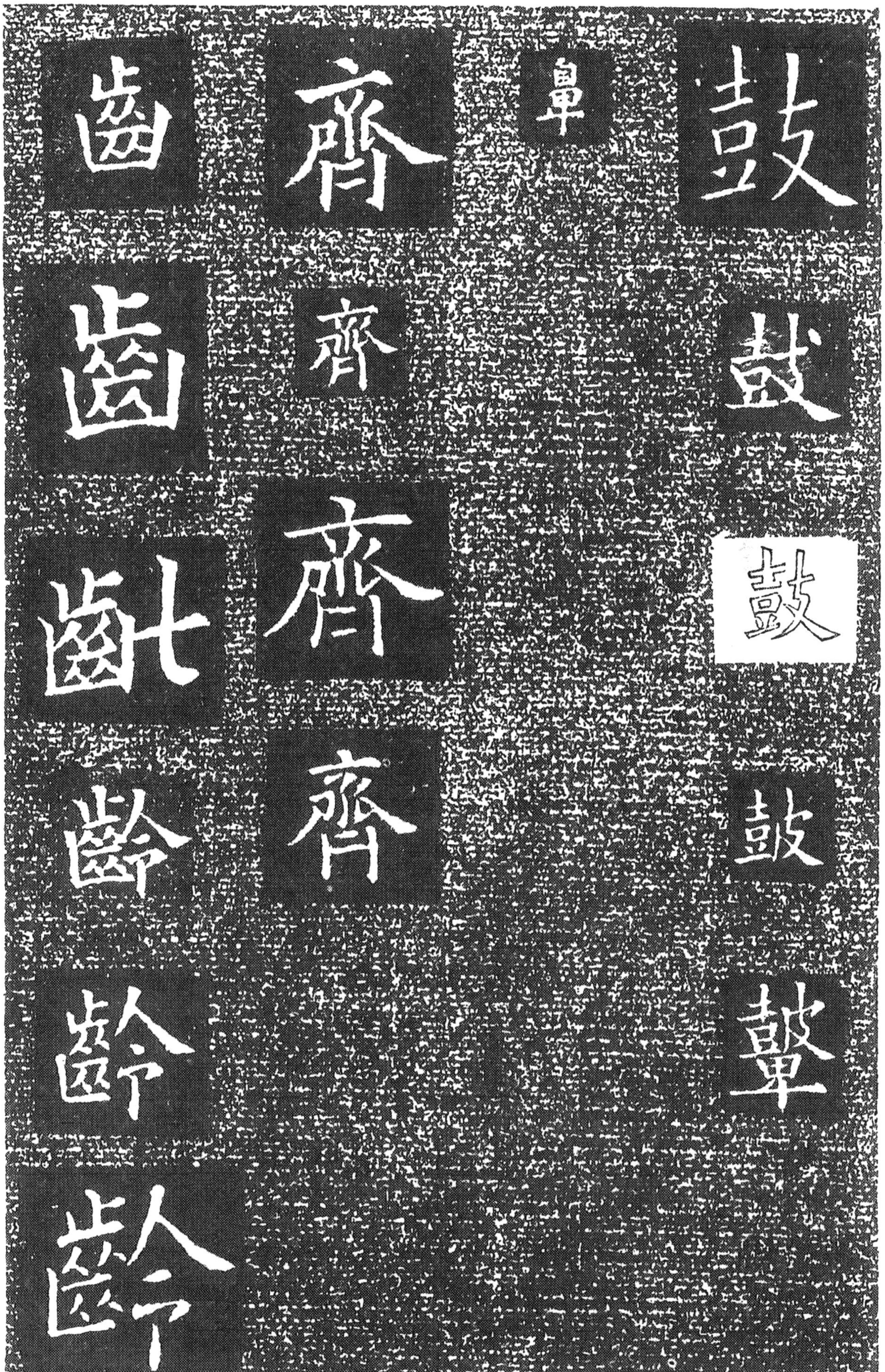

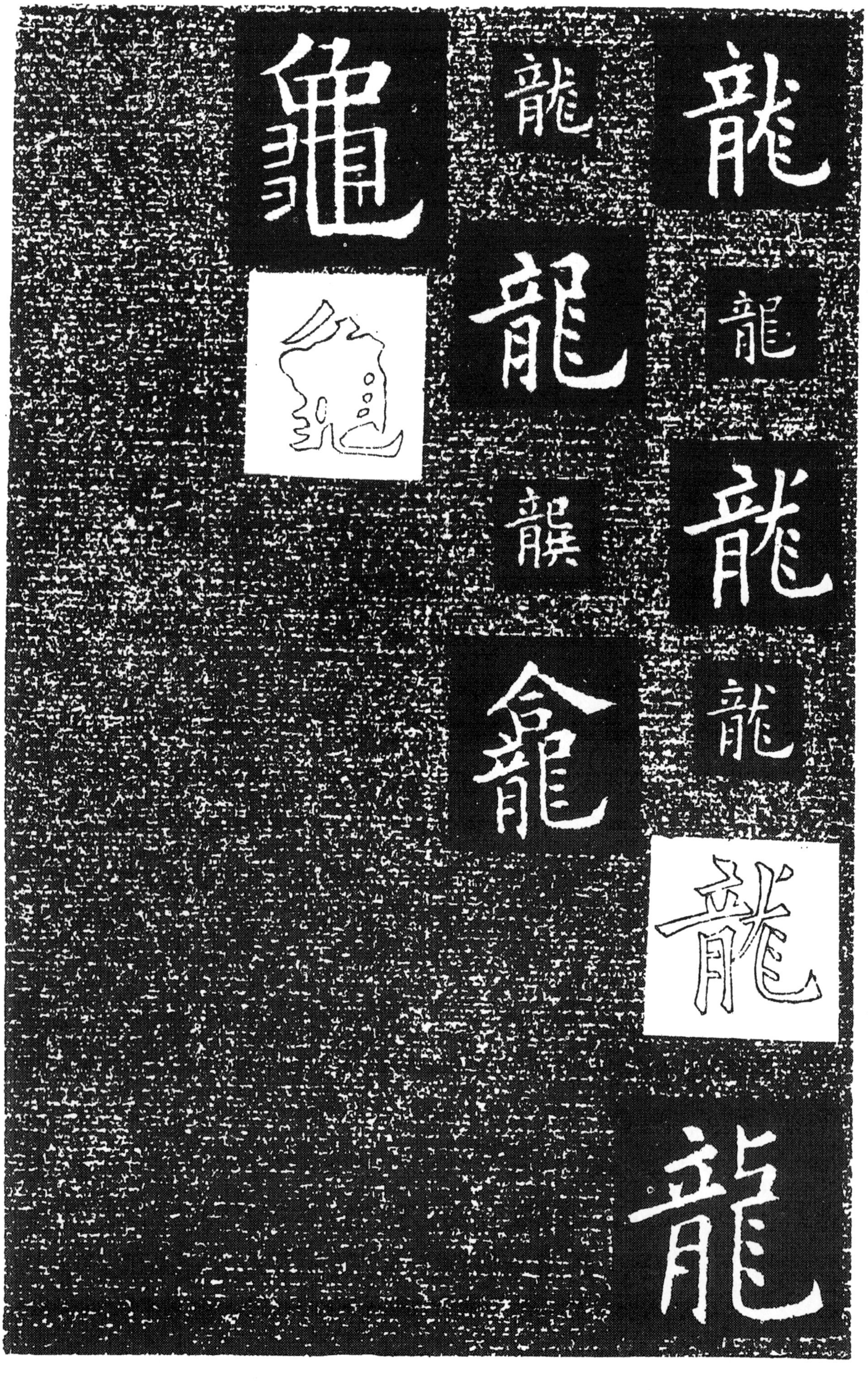

歐 法 字 彙

部首索引

前頁碼為部首索引，後頁碼為內文索引。

一部 2，1
丨部 2，3
丶部 2，3
丿部 2，4
乙部 2，5
亅部 2，6
二部 2，6
亠部 2，7
人部 2，8
儿部 2，17
入部 2，18
八部 2，19
冂部 2，20
冖部 2，21
冫部 2，21
几部 2，22
凵部 2，22
力部 2，24
勹部 3，27
匕部 3，27
匚部 3，28
匸部 3，28
十部 3，28
卜部 3，29
卩部 3，30
厂部 3，30
厶部 3，31
又部 3，31
口部 3，32
囗部 3，38
土部 3，40
士部 3，44
夂部 3，44
夕部 3，44
大部 3，45
女部 3，47
子部 3，50
宀部 4，51
寸部 4，56
小部 4，58
尢部 4，58
尸部 4，59
屮部 4，60
山部 4，60
巛部 4，62
工部 4，63
己部 4，63
巾部 4，64
干部 4，65
幺部 4，66
广部 4，67
廴部 4，69
廾部 4，69
弋部 4，70
弓部 4，70
彡部 4，72
彳部 4，73
心部 4，75
戈部 4，83
戶部 4，84
手部 5，84
支部 5，91
文部 5，93
斗部 5，93
斤部 5，93
方部 5，94
无部 5，95
日部 5，95
曰部 5，100
月部 5，101
木部 5，103
欠部 5，110
止部 6，110
歹部 6，112
殳部 6，112
毋部 6，113
比部 6，114
毛部 6，114
气部 6，114
水部 6，115
火部 6，125
爪部 6，128
父部 6，128
爻部 6，128
爿部 6，129
片部 6，129
牙部 6，129
牛部 6，129
犬部 6，130
玄部 6，131
玉部 6，132
瓦部 6，35
甘部 6，135
生部 6，135
用部 6，136
田部 7，136
疋部 7，138
疒部 7，138
癶部 7，139
白部 7，139
皿部 7，140
目部 7，141
矛部 7，143
矢部 7，143
石部 7，144
示部 7，145
禸部 7，148
禾部 7，148
穴部 7，150
立部 7，151
竹部 7，152
米部 7，155
糸部 7，157
网部 7，163
羊部 8，164
羽部 8，164
老部 8，165
而部 8，166
耒部 8，166
耳部 8，166
聿部 8，168
肉部 8，168
臣部 8，170
自部 8，170
至部 8，171
與部 8，171
舌部 8，172
舛部 8，172
舟部 8，172
艮部 8，173
色部 8，173
艸部 8，173
虍部 8，181
虫部 8，182
行部 8，183
血部 8，142
衣部 8，184
襾部 8，186
見部 8，186
角部 8，188
言部 8，188
谷部 9，193
豆部 9，194
豸部 9，195
貝部 9，195
赤部 9，197
足部 9，198
走部 9，197
身部 9，200
車部 9，200
辛部 9，203
辰部 9，203
辵部 9，204
邑部 9，210
酉部 9，212
釆部 9，213
里部 9，213
金部 9，214
長部 10，216
門部 10，216
阜部 10，218
隶部 10，221
隹部 10，222
雨部 10，223
青部 10，224
非部 10，225
面部 10，225
革部 10，225
音部 10，225
韋部 10，226
頁部 10，226
風部 10，228
飛部 10，229
食部 10，229
首部 10，230
香部 10，230
馬部 10，231
骨部 10，233
高部 10，233
髟部 10，233
鬯部 10，233
鬼部 10，234
魚部 10，234
鳥部 10，235
鹵部 10，236
鹿部 10，236
麥部 10，237
麻部 10，237
黃部 10，237
黍部 10，237
黑部 10，238
黹部 10，238
黽部 10，238
鼎部 10，238
鼓部 10，239
鼻部 10，239
齊部 10，239
齒部 10，239
龍部 10，240
龜部 10，240

歐法字彙

索引

一部

一 11
丁 11
七 11
万 11
三 11
上 2
下 2
不 2
丑 2
且 2
丕 2
世 3
丘 3
丙 3
承 3
才 4
于 6
二 6
五 6
尤 58
屯 60
巨 63
互 6
而 10
式 70
更 4，100
兩 17
面 225
秦 77
夏 44
棘 106
爾 128
憂 81

丨部

中 3
卯 9
卜 29
甲 136
申 136
非 225

丶部

丸 3
丹 3
主 4
斗 93
永 6，199
州 63

丿部

乂 4
乃 4
久 4
之 4
乎 4
乏 4
乖 4
乘 5
九 5
千 28
爪 4，128
壬 44
舌 16
危 30
色 173
禹 148
垂 40
舜 172
奥 47

乙部

九 5
也 5
乾 5
亂 5
飛 7，229

亅部

予 6
事 6

二部

二 6
于 6
云 6
互 6
五 6
井 7

亠部

亡 7
交 7
亥 7
亨 7
亦 7
京 7
亭 7
亮 8
六 19
玄 131
卒 29
夜 45
奕 47
高 233
率 132
稟 4，149
齊 239

人部

人 1，8
仁 8
今 8
介 8
仍 8
仕 9
他 9
仗 9
仙 9
仞 9
代 9
令 9
以 9
仰 9
仲 10
任 10
企 10
伊 10
伏 10
伐 10
休 10
伯 10
似 10
伽 10
但 10
佇 11
位 11
佐 11
何 11
佛 11
作 11
佩 11
佳 11
使 11
來 12
侈 12
侍 12
侔 12
供 12
依 12
侯 12
便 12
侵 12
係 12
俄 12
俊 13
俎 13
俗 13
俘 13
俛 13
保 13
俟 13
俠 13
信 13
修 13
俯 13
俱 14
俶 14
俾 14
倍 14
候 14
倚 14
倡 14
倦 14
倫 14
偃 14
假 14
偈 14
偉 14
偕 14
停 14
側 14
傅 15
傑 15
備 15
催 15
傳 15
傷 15
傾 15
僊 15
像 15
僕 15
僚 15
僧 15
僶 15
價 15
僻 16
儀 16
儁 16
億 16
儉 16
儆 16
儒 16
儔 16
儞 16
優 16
儼 16
化 27
全 18
坐 40
條 106
脩 13
禽 148

儿部

允 17
元 17
兄 17
充 17
兆 17
兇 17
先 17
光 17
克 17
免 18
兒 18
兔 18
堯 41

入部

入 18
內 18
全 18
兩 18

八部

八 19
公 19
六 19
兮 19
共 19
兵 19
其 19
具 19
典 20
兼 20
冀 20
父 128
叛 32
與 171
興 171
輿 202

冂部

冊 20
再 20
冕 20
內 18
央 46
用 136
周 35

冖部

冠 21
冤 21
冥 21
軍 199
宜 53

冫部

冬 21
冰 21
冶 21
凊 21
凋 21
凌 21
凝 21
次 110

几部

几 22
凡 22
凱 22
夙 45
鳳 235

凵部

凶 22
出 22

刀部

刀 22
刃 22
分 22
切 22
刋 22
刑 22
列 23
初 23
判 23
別 23
刼 23
利 23
到 23
制 23

刹 23
刺 23
刻 24
則 24
削 24
前 24
創 24
剸 24
劃 24
劍 24
辨 203

力部

力 24
功 24
加 25
助 25
劭 25
効 25
勃 25
勅 25
勇 25
勉 25
勒 25
動 25
務 25
勝 26
勞 26
勢 26
勣 26
勤 26
勳 26
勸 26
幼 66

勹部

勿 27
包 27
匈 27
匊 27

匕部

化 27
北 27
比 114

匚部

匡 27
匪 27
匱 27

匸部

匹 28
匿 28
區 28
巨 63

十部

十 28
千 28
廿 28
卅 28
升 28
卌 28
卑 28
卒 28
卓 29
協 29
南 29
博 29
古 32
克 17
喜 37
喪 37

卜部

卜 29
卞 29
卓 29

卩部

印 30
危 30
卿 30
卿 30

厂部

厚 30
原 30
厥 30
厭 30
反 31
辰 203

厶部

去 31
參 31
弁 69
能 168

又部

又 31
及 31
友 31
反 31
叔 31
取 32
受 32
叛 32

口部

口 32
古 32
召 32
可 32
史 33
右 33
叶 33
司 33
吁 33
合 33
吉 33
同 33
名 33
后 34
吏 34
吐 34
向 34
君 34
吟 34
否 34
含 34
呈 34
吳 34
吹 34
吾 35
告 35
呂 35
周 35
呪 35
味 35
命 35
咀 35
和 35
咏 35
咨 35
咸 35
哀 36
品 36
哉 36
員 36
哥 36
哲 36
唐 36
唯 36
唱 36
問 36
啓 37
啾 37
啻 37
善 37
喈 37
喝 37
喜 37
喩 37
喪 37
嗑 37
單 37
嗟 37
嘉 37
嘗 38
嗣 38
嘯 38
嚬 38
器 38
嚚 38
嚴 38
囊 38
吊 38
知 143
奇 46
鳴 235

囗部

四 38
囚 38
回 39
因 39
困 39
固 39
國 39
圍 39
園 39
圓 39
圖 39
圜 40

土部

土 40
在 40
地 40
均 40
坐 40
坤 40
垂 40
垢 41
垣 41
城 41
域 41
執 41
基 41
堂 41
堅 41
堤 41
堞 41
堯 41
報 42
場 42
塋 42
塔 42
塗 42
塞 42
塡 42
塵 42
墀 42
境 42
墉 42
墓 42
墜 42
增 42
墟 43
墨 43
墳 43
壇 43
壁 43
壘 43
壑 43
壚 43
壞 43
壤 43
去 31
寺 56
赤 197
幸 66
袁 184

士部

士 44
壬 44
壯 44
壹 44
壽 44

夊部

夏 44

夕部

夕 44
外 44
夙 45
多 45
夜 45
夢 45

大部

大 45
天 45
太 45
夫 46
央 46
夷 46
奄 46
奇 46
奉 46
奏 46
契 46
奔 47
奕 47
奐 47
奧 47
奪 47
奮 47

女部

女 47
奴 47
好 47
如 47
妄 48
妙 48
妾 48
始 48
姑 48
姓 48
委 48
姚 48
姣 48
姦 49
姪 49
姬 49
姿 49
威 49
娑 49
娛 49
婁 49
婆 49
婦 49
媒 49
媚 49
媛 49
嫡 50
嫋 50
嫣 50
嬋 50

子部

子 50
孑 50
孔 50
孕 50
字 50
存 50
孝 51
孟 51
季 51
孤 51
孫 51
孰 51
學 51
孺 51
孽 51
好 47
李 103

宀部

宂 51
宅 51
宇 51
守 52
安 52
宏 52
宗 52
官 52
宙 52
定 53
宜 53
客 53
宣 53
室 53
宮 53
宰 53
宴 53
家 54
宸 54
容 54
宿 54
寂 54
寄 54
寅 54
密 54
寇 54
富 54
寐 54
寒 55
寓 55

寔 55
察 55
寡 55
寢 55
寤 55
寥 55
實 55
寧 55
審 55
寫 56
寬 56
寮 56
寵 56
寶 56
字 50
灾 54
塞 42
賓 40
褰 185
蹇 199

寸部

寸 56
寺 56
封 56
射 57
將 57
專 57
尉 57
尊 57
尋 57
對 57
導 58

小部

小 58
少 58
尚 58

尢部

尤 58
就 58

尸部

尺 59
尹 59
尼 59
局 59
居 59
屆 59
屈 59
屋 59
展 59
屠 59
屢 59
屣 60
履 60
屬 60

屮部

屯 60

山部

山 60
岑 61
岡 61
岫 61
岱 61
岸 61
峙 61
峻 61
崇 61
崑 61
崙 61
崢 61
嵇 62
嵎 62
嵐 62
嵩 62
崿 62
嶸 62
嶺 62
嶽 62
巒 62
巖 62
巇 62

巛部

川 62
州 62
巡 63
巢 63

工部

工 63
左 63
巧 63
巨 63
差 63

己部

己 63
已 63
巴 64

巾部

巾 64
市 64
布 64
希 64
帗64
帛 64
帝 64
帥 64
師 64
席 65
帳 65
帶 65
帷 65
常 65
幕 65
幘 65
幟 65

干部

干 65
平 65
年 65
幷 66
幸 66

幺部

幼 66
幽 66
幾 66
胤 168

广部

序 67
底 67
庚 67
府 67
庠 67
度 67
庭 67
庶 67
康 68
庸 68
廌 68
廈 68
廉 68
廊 68
廓 68
廟 68
廡 68
廢 69
廣 69
廩 69
廬 69
唐 36
席 65
鹿 236
麻 237
磨 144
慶 81
靡 225

廴部

廷 69
延 69
建 69

廾部

弁 69
弄 69
弈 69
弊 69

弋部

式 70

弓部

弓 70
弔 70
引 70
弗 70
弘 70
弟 70
弦 71
弧 71
弭 71
弱 71
張 71
強 71
彈 71
彌 71
彎 71
彝 71
尋 57
尹 59

彡部

形 72
產 72
彫 72
彭 72
彰 72
影 72
參 31

彳部

彼 73
往 73
征 73
待 73
律 73
後 73
徑 74
徒 74
得 74
徙 74
御 74
從 74
復 74
循 75
微 75
徵 75
德 75
徹 75
徽 75
行 183
術 183
街 183
銜 214
衝 183
衛 183
衡 183
衢 184

心部

心 75
必 75
忍 76
志 76
忘 76
忠 76
念 76
忽 76
怖 76
思 76
怡 77
性 77
怨 77
恐 77
恆 77
恢 77
恕 77
恥 77
恨 77
恩 77
恬 78
恭 78
息 78
悅 78
悉 78
悌 78
悍 78
悖 78
悚 78
悟 78
悲 78
悵 78
悼 78
情 79
惇 79
惕 79
惜 79
惟 79
惠 79
惡 79
惶 79
惻 79
愁 79
想 79
愈 79
意 79
愉 79
愚 79
愛 80
感 80
愧 80
愷 80
慎 80
慈 80
態 80
慌 80
慕 80
慙 80
慝 80
慟 80
慠 80
慧 81
慨 81
慮 81
慰 81
慴 81
慶 81
慼 81
憂 81
憑 81
憫 81
憲 81
懇 82
懈 82
應 82
懋 82
憺 82
懾 82
懿 82
懷 82
懸 82
懼 82

戈部

戈 83
戎 83
成 83
我 83
戒 83
或 83
戚 83
戢 83
截 83
戰 83
戲 83
威 99
咸 35
哉 36
載 201
幾 66
臧 170

戶部

戶 84

房 84
戾 84
所 84
扁 84
扆 84
扇 84
肩 168

手部

手 84
才 84
扶 84
承 85
技 85
抂 85
把 85
抑 85
投 85
抗 85
折 85
披 85
抽 85
拊 85
抱 85
拏 86
拒 86
拔 86
招 86
括 86
拜 86
拯 86
拱 86
拳 86
拾 86
持 86
拒 86
指 86
按 86
挍 86
振 86
挹 87
挺 87
捐 87
挻 87
捕 87
捧 87
捨 87
援 87
排 87
採 87
探 87
接 87
控 88
推 88
掩 88
揆 88
提 88
揚 88
握 88
揭 88
揮 88
援 88
搆 88
損 88
搖 89
搜 89
搢 89
搴 89
摐 89
摧 89
摩 89
摳 89
摶 89
摽 89
撝 89
撫 89
播 89
撰 90
撒 90
撿 90
擁 90
擅 90
擇 90
擊 90
操 90
擒 90
據 90
擢 91
擧 91
擾 91
攝 91
攢 91
哲 36

支部

收 91
攸 91
改 91
攻 91
政 91
放 91
故 92
效 92
敍 92
教 92
敏 92
救 92
敕 92
敢 92
散 92
敦 92
敬 92
敵 92
敷 93
數 93
整 93
斂 93
赦 197

文部

文 93
彥 72
產 135

斗部

斗 93
料 93
斜 93
斡 93

斤部

斬 93
斯 93
新 94
斷 94

方部

方 94
於 94
施 94
旂 94
旆 94
旃 94
旅 94
旋 94
旌 94
族 94
旗 94
旟 94
放 91

无部

既 95

日部

日 95
旦 95
旨 96
早 96
旬 96
昂 96
昃 96
昆 96
昇 96
昌 96
明 96
昏 96
易 97
昔 97
星 97
映 97
春 97
昧 97
昭 97
是 97
昴 98
時 98
晉 98
晏 98
晚 98
晝 98
晤 98
晦 98
晨 98
晧 98
普 98
景 99
智 99
暉 99
暐 99
暑 99
暗 99
暢 99
暮 99
暹 99
暨 99
曆 99
曇 99
曉 100
曜 100
曠 100
曦 100
曩 100
曬 100
量 213
曷 100
最 101
督 142
會 101

曰部

曰 100
曲 100
更 100
曷 100
書 100
曼 101
曾 101
替 101
最 101
會 101
朅 101

月部

月 101
有 101
服 101
朔 102
朗 102
望 102
朝 102
期 102
朞 102
勝 26
騰 232

木部

木 103
未 103
末 103
本 103
朮 103
朽 103
朱 103
李 103
材 103
杖 103
杜 103
束 104
杯 104
東 104
杳 104
杷 104
松 104
枇 104
柳 104
析 104
柾 104
枕 104
林 104
果 104
枝 104
架 104
枹 104
柶 104
枻 105
柄 105
柏 105
柔 105
柝 105
柰 105
柱 105
桼 105
栖 105
校 105
柟 105
核 105
根 105
桂 105
桃 105
案 106
桐 106
桑 106
桓 106
梁 106
梅 106
梐 106
梓 106
條 106
梵 106
棄 106
棘 106
棊 106
棟 106
棠 107
棣 107
棲 107
椒 107
植 107
楊 107
楚 107
楛 107
楨 107
楞 107
業 107
極 107
楷 107
楹 107
榛 108
榦 108
榭 108
榮 108
槃 108
構 108
槐 108
樂 108
樊 108
樓 108
標 108
樞 108
樵 108
樹 109
橈 109
橋 109
橑 109
機 109
橫 109
檀 109
樸 92
檢 109
檻 109
櫂 109
櫛 109
櫝 109
權 109
欑 109
欒 109
采 213
來 12
相 142
巢 63
鬱 233

欠部

次 110
欣 110
欲 110
欻 110
欽 110
款 110
歌 110
歐 110
歎 110

止部

止 110
正 110
此 111
步 111
武 111
歲 111
歷 111
歸 111
肯 168
齒 239

歹部

死 112
歿 112
殀 112
殆 112
殉 112
殊 112
殘 112
殞 112
殤 112
殫 112
殲 112

殳部

段 112
般 112
殺 113
殽 113
殿 113
毀 113
轂 202
磬 230

母部

母 113
每 113
毒 113
毓 113

比部

比 114
毗 114

毛部

毛 114
毳 114

氏部

氏 114
民 114

气部

氣 114

水部

水 115
永 115
氾 115
求 115
江 115
池 115
汭 115
汾 115
沅 115
沈 115
沐 116
沒 116
沖 116
沙 116
沛 116
沭 116
沮 116
沲 116
河 116
沷 116
沼 116
治 116
況 116
泉 116
泓 116
法 117
波 117
泣 117
泥 117
注 117
泰 117
洎 117
洏 117
洗 117
洛 117
洞 118
津 118
洪 118
洲 118
洽 118
流 118
海 118
浸 118
涓 119
涅 119
涇 119
消 119
涉 119
涌 119
涓 119
涕 119
涵 119
涘 119
涼 119
淑 119
淒 119
淚 119
淨 119
淩 120
淪 120
淮 120
深 120
淳 120
淵 120
混 120
清 120
淺 120
減 120
渚 121
渠 121
渤 121
溫 121
湑 121
測 121
游 121
湍 121
渾 121
湊 121
湘 121
湛 121
湯 121
湲 121
源 121
溘 122
溢 122
溪 122
溺 122
滅 122
滌 122
滑 122
滓 122
滔 122
滯 122
滴 122
滿 122
漂 123
漆 123
漏 123
演 123
漣 123
漢 123
漠 123
漫 123
漱 123
漸 123
漿 123
潔 123
潛 123
澗 123
潤 123
潺 124
澄 124
澆 124
澈 124
澧 124
澨 124
澤 124
澌 124
激 124
濁 124
濕 124
濡 124
濟 125
濤 125
灌 125
濫 125
濮 125
濯 125
濱 125
瀚 125
瀝 125
瀨 125
瀾 125
酒 212

火部

火 125
灼 125
災 125
炎 126
炙 126
炳 126
烈 126
烏 126
烹 126
烽 126
焉 126
焚 126
無 126
焱 126
然 126
熱 127
煌 127
煒 127
煙 127
煥 127
照 127
煩 127
煬 127
燈 127
燕 127
煽 127
營 127
燭 127
爛 127
爲 128
勞 26

爪部

爪 128
爰 128
爲 128
爵 128
采 213
受 52
舜 172

父部

父 128

爻部

爽 128
爾 128

爿部

牀 129
牆 129
將 57
壯 44

片部

片 129
牋 129
牒 129

牙部

牙 129

牛部

牛 129
牢 129
牧 129
物 129
特 130
犀 130
犖 130
犢 130

犬部

犹 130
狼 130
猗 130
猛 130
猨 130
猶 130
猷 130
獄 131
獦 131
獨 131
獫 131
獲 131
獸 131
獻 131
臭 170
默 238

玄部

玄 131
茲 131
率 132

玉部

玉 132
王 132
玠 132
玦 132
玩 132
玷 132
珉 132
珍 132
珊 132
珠 132
珥 133
珪 133
班 133
珮 133
琁 133
琅 133
理 133
琛 133
琰 133
琬 133
琳 133
琱 133
琴 133
瑕 133
瑜 133
瑞 133
瑟 134
瑤 134
瑣 134
瑩 134
瑱 134
璆 134
璣 134
璧 134
環 134
璽 134
瓊 134
瓌 134
弄 69

瓦部

瓶 135
甄 135

甘部

甘 135
甚 135

生部

生 135
產 135

用部

用 136

甫 136

田部

田 136
由 136
甲 136
申 136
男 136
甸 136
甿 136
界 137
畏 137
畝 137
畢 137
略 137
畫 137
異 137
留 137
當 137
疆 138
疇 138
疊 138
勇 25
累 158

疋部

疎 138
疏 138
疑 138

疒部

疲 138
疾 138
疵 138
病 139
痛 139
痼 139
瘞 139
瘼 139

癶部

癸 139
登 139
發 139

白部

白 139
百 139
皂 140
的 140
皇 140
皎 140
皆 140
皐 140
帛 64

皿部

盈 140
益 140
盍 140
盛 141
盜 141
盟 141
盡 141
監 141
盤 141
盧 141

目部

目 141
直 141
相 141
省 142
盼 142
眞 142
眠 142
眷 142
眺 142
衆 142
睇 142
睢 142
督 142
睿 143
瞰 143
瞻 143
鼎 238

矛部

矜 143

矢部

矢 143
矣 143
知 143
矩 143
短 144
矯 144
智 99

石部

石 144
砌 144
砥 144
破 144
研 144
碁 144
碑 144
碣 144
碧 144
碩 145
磊 145
磐 145
磨 145
確 145
磴 145
磻 145
礎 145
礪 145
礫 145
礶 145

示部

示 145
社 145
祀 145
祁 146
祇 146
祈 146
祉 146
祑 146
祐 146
祕 146
祖 146
祚 146
神 146
祥 147
祭 147
祿 147
禁 147
禍 147
禊 147
福 147
禪 147
禮 148
視 187

禸部

禹 148
禽 148

禾部

秀 148
私 148
秉 149
秋 149
科 149
秦 149
移 149
稅 149
稟 149
稠 149
種 149
稱 149
稷 150
稽 150
穆 150
積 150
穎 150
穟 150
穢 150
利 23
和 35
委 48
季 51
香 230
嵇 62
黍 237
黎 237

穴部

穴 150
究 150
穹 150
空 150
穿 151
窆 151
窈 151
窕 151
窮 151
竅 151
竇 151

立部

立 151
竝 151
竟 152
章 152
竦 152
竭 152
端 152
競 152
奇 46
辛 203
妾 48
音 225

竹部

竹 152
竿 152
竽 152
笋 152
笏 152
笑 153
笙 153
笛 153
符 153
第 153
筆 153
等 153
筍 153
答 153
策 153
筮 153
算 153
筵 153
箕 154
管 154
箭 154
箱 154
箴 154
節 154
篁 154
範 154
篆 154
篇 154
築 154
篋 154
篤 155
簡 155
籙 155
籃 155
籥 155
籍 155
籀 155
籠 155

米部

米 155
粉 155
粒 155
粕 155
粟 155
粵 155
粹 155
精 156
糉 156
糞 156
糟 156
糠 156
糧 156
料 93
糪 236
釋 208

糸部

系 157
糾 157
紀 157
約 157
紆 157
紈 157
納 157
紐 157
純 157
紙 157
紛 157
素 157
紡 158
索 158
紫 158
累 158
細 158
紱 158
紳 158
紹 158
終 158
絃 158
組 159
結 159
絕 159
絜 159
絢 159
給 159
統 159
絲 159
絳 159
絹 159
綏 159
經 160
綜 160
綢 160
綬 160
維 160
綱 160
網 160
綴 160
綵 160
綸 160
綺 160
緇 160
緒 160
緘 160
綿 161
緝 161
緣 161
編 161
緩 161
緬 161
緯 161
練 161
縈 161
縟 161
縣 161
縱 161
縷 162
縻 162
總 162
績 162
繁 162
繚 162
繞 162
繡 162
繩 162
繫 162
繼 162
續 162
纏 163
纓 163
纔 163
變 193

网部

罔 163
罘 163
罣 163
罩 163
置 163
罪 163
罰 163
罷 163
罹 163

罾 163
羅 163
羈 163

羊部

羊 164
羌 164
美 164
羔 164
羣 164
義 164
羲 164
善 37
差 63

羽部

羽 164
翅 164
翁 164
習 165
翔 165
翠 165
翦 165
翩 165
翫 165
翰 165
翳 165
翺 165
翹 165
翻 165
翼 165

老部

老 165
考 165
者 165
耆 166
孝 154

而部

而 166
耏 166

耒部

耕 166
耨 166

耳部

耳 166
耽 166
聆 166
聊 166
聖 166
聚 167
聞 167
聯 167
聰 167
聳 167
聲 167
職 167
聽 167
取 32
恥 74

聿部

肅 168
肆 168
肇 168
書 100
晝 98
畫 137

肉部

肌 168
肩 168
肯 168
育 168
肴 168
胄 168
背 168
胙 168
胡 168
胝 168
胤 168
能 168
脩 168
脫 169
胼 169
腊 169
腴 169
腸 169
腎 169
膢 169
膂 169
膚 169
膠 169
膳 169
膺 169
膽 170
臘 170
臚 170

臣部

臣 170
臧 170
臨 170

自部

自 170
臭 170
鼻 239

至部

至 171
致 171
臺 171
臻 171

臼部

與 171
興 171
舉 171
舊 171
舋 171
學 51
輿 202
譽 193

舌部

舌 172
舍 172
舒 172

舛部

舜 172
舞 172

舟部

舟 172
船 172
般 172
艦 172

艮部

良 173
艱 173

色部

色 173

艸部

艾 173
芒 173
芥 173
芬 173
花 173
芳 173
芷 173
苞 173
若 174
茨 174
苦 174
英 174
苾 174
茂 174
范 174
茅 174
荔 174
荀 174
茹 174
荊 174
草 175
荐 175
荒 175
荷 175
荼 175
莊 175
莒 175
莫 175
莽 175
菀 175
菁 175
菜 176
菩 176
華 176
菲 176
萃 176
萬 176
萼 176
落 176
葉 176
著 176
葛 176
葳 177
葬 177
葺 177
蓨 177
蒙 177
蒲 177
蒸 177
蒼 177
蓀 177
葢 177
蓬 178
蓮 178
蔓 178
蔑 178
蓱 178
蔗 178
蔡 178
蔭 178
蔽 178
蕃 178
蕖 178
蕙 178
蕞 178
蕹 178
蕩 178
蕭 178
薄 179
薊 179
薑 179
薛 179
蕷 179
薨 179
薩 179
薪 179
薰 179
藁 179
藉 179
藍 179
藏 179
藐 180
藝 180
藩 180
藹 180
藻 180
蘆 180
蘇 180
蘊 180
蘋 180
蘭 180
蘿 181
黃 237
夢 45
幕 65
慕 80
獲 131
舊 172
護 193

虍部

虐 181
虔 181
處 181
虛 181
虜 181
虞 181
號 181
虧 182
膚 169
盧 141

虫部

虹 182
蛇 182
蛟 182
蜀 182
蜜 182
蜷 182
蜎 182
融 182
螯 182
螭 182
蟠 182
蟻 182
蠙 182
蠶 183
蠲 183

血部

衆 183

行部

行 183
術 183
街 183
衝 183
衛 183
衡 183
衢 184
銜 214

衣部

衣 184
表 184
衷 184
衾 184
袁 184
袂 184
袪 184
袞 184
被 184
裂 185
裔 185
裏 185
裕 185
裳 185
裘 185
製 185
褭 185
褰 185
襜 185
襧 185
襟 185
襲 186
初 23
哀 36

襾部

西 186
要 186
覃 186
覆 186
粟 155

見部

見 186
規 186
視 187
覩 187
親 187
覺 187
覽 187
觀 187

角部

角 188
解 188
觴 188
觸 188

言部

言 188
計 188
訏 188
訓 188
訖 188

訖 188
記 188
訬 188
許 188
設 189
訶 189
詎 189
詔 189
詞 189
該 189
詢 189
詣 189
詩 189
詠 189
詳 189
誅 189
詵 189
誌 189
誕 190
誘 190
誚 190
語 190
誠 190
誡 190
誦 190
誨 190
說 190
誰 190
課 190
調 190
談 190
請 191
諒 191
論 191
諦 191
諧 191
諮 191
諭 191
諱 191
諸 191
諾 191
謀 191
謁 191
謂 191
謙 191
謚 192
講 192
謝 192
謨 192
謹 192
證 192
譍 192
譏 192
識 192
譚 192
警 192
譬 192
譯 192
議 193
護 193
譽 193
讀 193
變 193
讓 193
讚 193
辯 203

谷部

谷 193
谿 193
豁 193

豆部

豆 194
豈 194
豎 194

豕部

象 194
豪 194

豸部

豹 195
貊 195
貌 195
貍 195

貝部

貝 195
貞 195
負 195
財 195
貢 195
貪 195
貫 195
貳 195
貴 195
貺 195
貽 195
賁 196
資 196
賈 196
賊 196
賓 196
賜 196
賚 196
賞 196
賢 196
賤 196
質 196
賻 196
賾 197
贄 197
贈 197
贊 197
贍 197
員 36
寶 56

赤部

赤 197
赦 197
赫 197

走部

赴 197
起 197
超 198
越 198
趁 198
趙 198

足部

足 198
趾 198
跎 198
跋 199
距 199
跡 199
跨 199
路 199
跱 199
踐 199
踰 199
踵 199
蹱 199
蹈 199
蹇 199
蹉 199
蹕 200
躄 200
蹟 200
蹲 200
蹶 200
躅 200
躇 200
躍 200

身部

身 200
躬 200
射 57

車部

車 200
軌 200
軍 200
軒 201
軫 201
軸 201
軻 201
軼 201
軾 201
輅 201
輈 201
載 201
輔 201
輕 201
輝 201
輟 201
輦 202
輠 202
輩 202
輪 202
輯 202
蝤 202
輸 202
輿 202
轂 202
轄 202
轅 202
轉 202
蠉 203
轡 203
斬 93

辛部

辛 203
辜 203
辟 203
辨 203
辭 203
辯 203

辰部

辰 203
辱 203
農 203

辵部

迅 204
近 204
迓 204
迢 204
迤 204
迴 204
迫 204
迪 204
迭 204
述 204
迷 204
迹 204
逆 204
迺 204
追 204
迾 204
退 205
送 205
逍 205
逐 205
途 205
通 205
逝 205
造 205
速 205
逢 205
逯 205
連 205
進 205
逵 206
逶 206
逸 206
逼 206
逾 206
遂 206
遄 206
遇 206
遊 206
運 206
遍 207
過 207
遐 207
道 207
達 207
違 207
遘 207
遙 207
遠 208
遡 208
遺 208
適 208
遬 208
遲 208
遵 208
遷 208
選 208
遝 208
遺 208
遼 209
遽 209
避 209
邁 209
還 209
邅 209
邈 209
邊 209
延 69
廷 69
建 69

邑部

邑 210
邕 210
邛 210
邢 210
邮 210
邦 210
郊 210
邪 210
郎 210
郡 211
郵 211
郤 211
部 211
郭 211
都 211
鄙 211
鄧 211
鄭 211
鄰 211
鄹 211

酉部

酋 212
酌 212
酒 212
酬 212
酷 212
醇 212
醜 212
醴 212
醮 212
奠 47

釆部

釆 213
釋

里部

里 213
重 213
野 213
量 213

金部

金 214
針 214
釣 214
鈴 214
鉤 214
鉅 214
銀 214
銅 214
銖 214
銘 214
銜 214
銷 214
鋒 215
錄 215
錦 215
錫 215
鍵 215
鍾 215
鎦 215
鎬 215
鎮 215
鏗 215
鏘 215
鏡 215
鐘 215
鐫 215
鑒 215
鑾 216
鑿 216
欽 110

長部

長 216

門部

門 216
閅 217
開 217
閏 217
閑 217
間 217
閔 217
閣 217
閤 217
闔 217
閭 217
閼 217
闍 217
闇 217
闐 217
闕 217
闢 218
闞 218
闡 218
關 218
闥 218
問 36
聞 167

阜部

阜 218
阪 218
阮 218
阿 218
陁 218
陂 218
附 218
陋 218
降 218
陛 219
陞 219
陟 219
院 219
除 219
陪 219
陫 219
陰 219
陳 219
陵 219
陶 220
陷 220
陸 220
陼 220
陽 220
隅 220
隄 220
隆 220
隋 220
階 220
隔 221
隗 221
隤 221
隨 221
隩 221
險 221
隱 221
際 221
隴 221

隶部

隸 221

隹部

雄 222
雅 222
集 222
雍 222
雕 222
雙 222
雖 222
雜 222
雞 222
離 222
難 222

雨部

雨 223
雪 223
雲 223
雷 223
電 223
霄 223
霆 223
震 223
霍 223
霜 223
霞 224
露 224
靈 224

青部

青 224
靜 224

非部

非 225
靡 225

面部

面 225

革部

革 225
鞅 225
鞞 225
鞠 225
勒 25

音部

音 225
韶 225
韻 225
響 226

韋部

韓 226
韜 226
韞 226

頁部

頃 226
順 226
須 226
頌 226
預 226
頓 226
頗 227
頰 227
頭 227
頷 227
頤 227
頴 227
頹 227
頻 227
題 227
顏 227
願 227
顙 227
顛 227
類 227
顧 228
顯 228
顰 228
煩 127
穎 150

風部

風 228
颯 228
飆 228
飄 228

飛部

飛 229

食部

食 229
飢 229
飫 229
飭229
飲 229
飯 229
飽 229
飾 229
養 229
餌 230
餐 230
餘 230
館 230

首部

首 230

香部

香 230
馥 230
馨 230

馬部

馬 231
馭 231
馱 231
馳 231
馴 231
駒 231
駕 231
駭 231
駮 231
駿 231
騁 231
騄 231
騎 231
騖 232
騰 232
騾 232
驂 232
驃 232
驅 232
驗 232
驚 232
驢 232
驤 232
驥 232

骨部

骨 233
骸 233
體 233

高部

高 233

髟部

髦 233
髫 233
髮 233

鬯部

鬱 233

鬼部

鬼 234
魂 234
魄 234
魏 234

魚部

魚 234
魯 234
鯢 234
鯨 234
鱗 234

鳥部

鳥 235
鳳 235
鳴 235
鴈 235
鴟 235
鴻 235
鵑 235
鷗 235
鵲 235
鶱 235
鶴 235
鷄 235
鷲 236
鷹 236
鸞 236
烏 126

鹵部

鹹 236

鹿部

鹿 236
麋 236
麗 236
麟 236

麥部

麥 237

麻部

麻 237

黃部

黃 237

黍部

黍 237
黎 237

黑部

默 238
黜 238
點 238
黷 238
墨 43

黹部

黻 238
黼 238

黽部

黿 238
鼂 238

鼎部

鼎 238

鼓部

鼓 239
鼙 239

鼻部

鼻 239

齊部

齊 239

齒部

齒 239
齔 239
齡 239

龍部

龍 240
龔 240
龕 240

龜部

龜 240